회계기초 입문

정원홍·박성우 공저

도서출판
어울림
www.aubook.co.kr

머리말

요즘 직장인들 사이에는 '회계를 모르면 승진을 할 수 없다.' 라는 말이 회자되고 있습니다.

그 사실을 증명이라도 하듯 '사오정', '삼팔선', '오륙도' 같은 단어들이 우리 사회의 유행어로 자리 잡았습니다. 직장인들과 취업 준비생들에게는 결코 달갑지 않은 말들입니다.

하지만 저의 생각은 조금 다릅니다. 평생직장이 아닌 평생직업 개념으로 생각한다면 회계 전문직을 권하고 싶습니다. 회계는 기업설립과 더불어 모든 장부를 기록하고 관리함으로써 기업의 흐름을 정확하게 분석 및 예측 할 수 있습니다. 즉 기업과 운명을 함께 할 관리직종인 셈입니다.

회계는 기업의 언어입니다. 우리가 사용하는 언어에도 단어와 문법이 있다면 회계 역시 마찬 가지겠지요? 회계에도 단어(계정과목)와 문법(분개)을 사용하여 최종적으로 재무제표를 만들어 정보 이용자들에게 의사전달을 할 수 있는 중요한 역할을 담당하는 일이겠지요?

또한 현대사회의 회계처리는 전산화되어 분개입력만큼은 회계담당자의 회계지식에 의존하고 있다는 점을 간과해서는 안됩니다. 실제로 '전산회계 자격증' 취득에 당락을 결정하는 것이 분개입니다.

본서는 회계의 기본인 계정과목과 분개를 중심으로 자격증 취득과 회계의 흐름을 익히는데 중점을 두었습니다.

모쪼록 회계에 입문하시는 여러분들의 목표에 좋은 결과가 있기를 기원합니다.

끝으로 본 저자의 부족함을 책으로 출간되기까지 도와주신 어울림출판사 허병관 사장님 이하 편집실 직원분들께 감사드리며 수정작업에 퇴근을 미루고 도와주신 손병훈선생과 구본경선생께도 감사하다는 말을 전합니다.

저자 씀

CONTENTS...

회계의 기본 개념

01 ⟫⟫ 회계의 기초 이론

1. 회계(accounting)의 의의

회계란, 기업의 경영활동에 의해 발생하는 재화와, 채권·채무의 증감변화를 일정한 원리·원칙에 의하여 기록, 계산, 정리함으로서 얻어지는 유용한 정보를 기업의 이해관계자에게 의사결정에 유용한 정보를 전달하는 모든 과정이다.

2. 회계의 목적

회계는 회계정보의 이용자가 기업실체와 관련하여 합리적인 의사결정을 할 수 있도록 재무상의 자료를 일반적으로 인정된 회계원칙에 따라 처리하여 <u>유용하고 적정한 정보를 제공</u>하는 것을 목적으로 한다.

3. 회계의 분류
1) 재무회계
회계정보의 외부이용자들이 경제적 의사결정을 수행하는 과정에서 필요로 하는 정보를 제공하는 것을 목적으로 하는 회계분야이다.

2) 관리회계
내부경영자들이 경영활동을 계획·지휘·통제하는 과정에서 필요로 하는 정보를 제공하는 것을 목적으로 하는 회계분야이다.

4. 회계단위

기업의 재화와, 채권채무의 증감변화를 기록·계산하기 위해 장소적 범위를 구분할 필요가 있는데, 이 <u>장소적 구분</u>을 회계단위라 한다.(ex : 본점과 지점, 본사와 공장 등)

5. 회계기간(회계연도)

기업의 경영활동은 영업을 시작하는 날로부터 폐업하는 날까지 계속되기 때문에 그 기간 전체를 두고 재무상태, 경영성과 등을 파악하기는 어렵다. 따라서 보다 효율적인 경영을 위해서는 일정기간마다 재무상태, 경영성과 등을 파악하는 것이 필요하다. 이와 같이 <u>인위적으로 구분한 기간</u>을 <u>회계기간</u> 또는 <u>회계연도</u>이라고 한다.

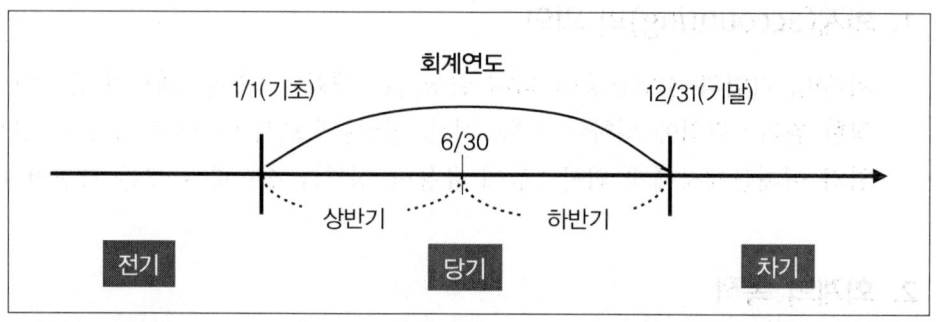

☞ 현행 상법에서는 회계기간은 1년을 초과할 수 없도록 규정하고 있다.

6. 부기(bookkeeping)의 의의

부기란, 장부기장의 줄임말로 기업이 소유하는 모든 재화 채권·채무의 증감변화를 일정한 원리원칙에 의해 기록·계산·정리하여 그 원인과 결과를 명백히 하기 위한 모든 방법을 말한다.

7. 부기의 종류

1) 기록하는 방법에 따라(단식부기, 복식부기)
　① 단식부기
　　일정한 원칙 없이 재화, 채권·채무의 증가·감소만 기록하고, 재무상태 및 경영성과 등을 파악하기 곤란하다

② 복식부기

일정한 원칙에 의해 재화, 채권·채무 등의 증감변화와 재무상태 및 경영
성과 등을 그 발생 원인별로 파악할 수 있다.(자기 검증기능이 있음)

2) 영리성 유무에 따라(영리부기, 비영리부기)

① 영리부기

영리를 목적으로 하는 기업에서 사용하는 장부기장 방법으로 도소매업, 제
조업, 보험업, 건설업 등에서 사용하며, 일반적으로 복식부기를 사용한다.

② 비영리부기

영리를 목적으로 하지 않는 학교, 관공서, 종교단체 등에서 사용하는 장부
기장 방법으로 가계, 관청, 학교부기 등이 있으며 일반적으로 단식부기를
사용한다.

(영리를 목적으로 하지 않더라도 그 단체의 규모 및 복잡성 등을 고려하여
복식부기를 사용하는 경우도 있다.)

1. 자산(assets) : 기업이 경영활동을 하기 위하여 필요한 재화 및 채권의 총칭

　・재화 : 현금, 상품, 비품, 건물, 토지등 기업이 소유하는 금전가치가 있는 물건
　・채권 : 상품의 외상판매에 따른 매출채권, 자금의 대여에 따른 대여금등

2. 부채(liabilities) : 기업이 경영활동에 따라 일정시점 타인에게 갚아야 할 채무
(ex : 상품의 외상매입에 따른 매입채무, 자금의 차입에 따른 차입금등)

3. 자본(capital) : 자산의 총액에서 부채의 총액을 차감한 기업의 순자산액

자 산 - 부 채 = 자 본

　　　　　　　　　　　　　　　　　　　⇨ **자본등식**

4. 재무상태표(statement of financial position)

기업의 일정시점의 재무상태를 나타내는 재무제표이다.
재무상태표의 기본양식은 자산을 왼쪽(차변)에 부채와 자본을 오른쪽(대변)에 나타낸다.

[재 무 상 태 표]

자 산	부 채
	자 본

재무상태표의 기본양식을 등식으로 표현하면 다음과 같으며 이를 <u>재무상태표 등식</u>이라 한다.

자 산 = 부 채 + 자 본

　　　　　　　　　　　　　　　　　　　⇨ **재무상태표등식**

[자산·부채·자본계정(재무상태표 계정)]

분류	계 정 과 목	내 용
자	현 금	통화 및 통화대용증권(타인발행수표, 자기앞수표등)
	당 좌 예 금	당좌수표를 발행하기 위해 은행에 돈을 예금하는 것
	보 통 예 금	입출금이 자유로운 예금
	현금및현금성자산	현금, 당좌예금, 보통예금, 현금성자산 등을 합한 금액
	단 기 금 융 상 품	만기일이 1년 이내인 금융상품(정기예금, 정기적금등)
	단 기 매 매 증 권	단기보유 목적으로 구입한 주식, 공·사채등
	외 상 매 출 금	재고자산을 외상으로 매출한 경우의 채권
	받 을 어 음	재고자산을 매출하고 어음으로 받은 경우
	매 출 채 권	외상매출금과 받을어음의 합산금액
산	미 수 금	재고자산 이외(토지, 건물 등)의 물건을 외상으로 매각
	단 기 대 여 금	1년 이내에 회수할 조건으로 현금등을 빌려준 경우
	선 급 금	상품 등을 매입하기로 하고 계약금을 지급했을 때
	상 품	판매를 목적으로 외부로부터 구입한 물품
	소모품(저장품)	사무용 문구류 및 사용하면 없어지는 물품
	비 품	영업용으로 구입한 컴퓨터, 책상, 에어컨, 복사기 등
	건 물	영업활동을 위하여 구입한 공장, 창고, 점포 등
	토 지	영업활동을 위하여 구입한 땅
	차 량 운 반 구	영업활동을 위하여 구입한 자동차 등
부	외 상 매 입 금	재고자산을 외상으로 구입한 경우의 채무
	지 급 어 음	재고자산매입대금 및 외상대금을 약속어음을 발행하여 지급한 경우
	매 입 채 무	외상매입금과 지급어음의 합산금액
채	단 기 차 입 금	1년 이내에 지급할 조건으로 현금등을 빌려온 경우
	미 지 급 금	재고자산이외(토지, 비품 등)의 물품등을 외상으로 구입시
	선 수 금	상품 등을 매출하기로 하고, 계약금을 미리 받을 때
자본	자 본 금	기업주가 영업개시를 위해 출자한 돈이나 물품, 추가 출자액
	인 출 금	기업주가 개인적인 용도로 인출한 금액의 기중처리

연 습 문 제

01 다음의 (   )안에 알맞은 말을 넣으시오.

(1) 기업이 소유하는 모든 재화 및 채권을 총칭해서 (   )이라한다.

(2) 기업이 일정시점에 타인에게 갚아야 할 채무를 (   )라 한다.

(3) (   ) – (   ) = (   ) 을 자본등식이라 한다.

(4) 기업의 일정시점의 재무상태를 나타내는 일람표를 (   )라 한다.

(5) (   ) = (   ) + (   ) 을 재무상태표등식이라 한다

02 다음 과목 중 자산은 A, 부채는 L, 자본은 C를 (   )안에 표시하시오.

(1) 매입채무	( )	(2) 단기매매증권	( )	(3) 받을어음	( )
(4) 자본금	( )	(5) 지급어음	( )	(6) 건물	( )
(7) 단기대여금	( )	(8) 미수금	( )	(9) 차량운반구	( )
(10) 비품	( )	(11) 미지급금	( )	(12) 상품	( )
(13) 단기금융상품	( )	(14) 외상매입금	( )	(15) 선급금	( )
(16) 매출채권	( )	(17) 선수금	( )	(18) 인출금	( )
(19) 단기차입금	( )	(20) 토지	( )	(21) 소모품	( )
(22) 보통예금	( )	(23) 외상매출금	( )	(24) 당좌예금	( )

03 경남상회의 2014년 1월 1일의 재무상태는 다음과 같다. 아래 자료에 의해 경남상회의 재무상태표를 작성하시오.

현 금	₩320,000	외 상 매 출 금	₩170,000	당 좌 예 금	₩230,000
단기매매증권	160,000	받 을 어 음	50,000	상 품	190,000
건 물	700,000	외 상 매 입 금	330,000	지 급 어 음	250,000
미 지 급 금	120,000	단 기 차 입 금	220,000	자 본 금	900,000

재 무 상 태 표

경남상회   2014년 1월 1일 현재   단위 : 원

자 산	금 액	부 채 · 자 본	금 액

04 홍규상회의 2014년 1월 1일의 재무상태는 다음과 같다. 아래 자료에 의해 홍규상회의 재무상태표를 작성하시오.

현 금	₩520,000	외 상 매 출 금	₩200,000	단 기 대 여 금	₩730,000
단기매매증권	250,000	받 을 어 음	230,000	미 수 금	120,000
상 품	150,000	건 물	300,000	외 상 매 입 금	400,000
지 급 어 음	320,000	단 기 차 입 금	280,000	자 본 금 (?)	

재 무 상 태 표

홍규상회   2014년 1월 1일 현재   단위 : 원

자 산	금 액	부 채 · 자 본	금 액

03 >>> 기업의 경영성과와 손익계산서

1. 수익(revenue) : 기업의 경영활동으로 인해, 순자산의 증가를 가져오는 모든 원인

ex) 매출액, 수수료수익, 이자수익등

2. 비용(expense) : 기업의 경영활동으로 인한 수익의 창출을 위해 순자산의 감소를 가져오는 원인

ex) 매출원가, 종업원급여, 광고선전비, 이자비용등

[수익 · 비용 계정(손익계산서 계정)]

분류	계정과목	내 용
수 익	상 품 매 출 이 익	상품을 매출하고 생긴 이익
	임 대 료	건물, 토지 등을 임대하고, 집세 및 지대를 받았을 때
	수 수 료 수 익	중개 및 용역을 제공하고, 수수료를 받으면
	이 자 수 익	금전대여, 은행예금등에서 생기는 이자를 받으면
	단기매매증권처분이익	단기매매증권을 처분하였을 때 생기는 이익액
	유 형 자 산 처 분 이 익	유형자산(토지, 건물등)을 처분하였을 때 생기는 이익액
	잡 이 익	영업활동과 관계없이 생기는 이익
비 용	상 품 매 출 손 실	상품을 매출하고 생긴 손실
	임 차 료	건물, 토지 등을 빌리고 집세 및 지대를 지급할 때
	급 여	종업원을 채용하고 월급을 지급
	복 리 후 생 비	종업원의 복지증진을 위해 지출된 금액
	여 비 교 통 비	영업활동을 하기 위해 출장여비 및 교통비 지급
	통 신 비	전신, 전화, 인터넷 등 요금 지급
	수 도 광 열 비	수도, 전기 , 가스 요금을 지급
	소 모 품 비	영업용으로 사용하기 위한 사무용품 구입 비용
	세 금 과 공 과	세금 및 상공회의소회비, 적십자회비, 조합비 등을 지급하면
	보 험 료	소멸성 보험료를 지급하면
	광 고 선 전 비	광고료와 판촉물 구입대를 지급하면
	운 반 비	매출시 운임을 지급하면
	수 선 비	건물, 기계장치 등의 수리비를 지급하면

분류	계정과목	내 용
비	접 대 비	거래처의 선물용품, 경조사비 등의 금액
	차 량 유 지 비	회사 차량의 수리대 및 유류대 등의 금액
	도 서 인 쇄 비	각종 인쇄비 및 신문, 잡지 구독료 지급
	수 수 료 비 용	용역을 제공 받고 수수료를 지급하면
	이 자 비 용	차입금에 대한 이자 지급
용	단기매매증권처분손실	단기매매증권을 처분하였을 때 생기는 손실액
	유 형 자 산 처 분 손 실	유형자산(토지, 건물등)을 처분하였을 때 생기는 손실액
	잡 손 실	영업활동과 관계없이 생기는 적은 손실

3. 손익계산서(statement of comprehensive income)

기업의 일정기간의 경영성과를 나타내는 표로서 포괄손익계산서라고도 한다.

[손익계산서]

비 용	수 익
△당기순이익	

[손익계산서]

비 용	수 익
	△당기순손실

손익계산서의 기본양식을 등식으로 표현하면 다음과 같으며 이를 <u>손익계산서등식</u>
이라 한다.

수   익 = 비 용 + 당기순이익
또는 비 용 = 수 익 + 당기순손실

연 습 문 제

01 다음의 ( )안에 알맞은 말을 넣으시오.

(1) 기업의 경영활동으로 인해, 순자산의 증가를 가져오는 원인을 (   )이라 한다.

(2) 기업의 수익의 창출을 위해, 순자산의 감소를 가져오는 원인을 (   )이라 한다.

(3) 기업의 일정기간의 경영성과를 나타내는 일람표를 (   )라 한다.

(4) 손익계산서의 차변에는(   )을 대변에는 (   )을 기입한다.

(5) 손익계산서의 대변합계금액이 많으면 (   )이 발생하고, 차변합계금액이 많으면
(   )이 발생한다.

02 다음 과목 중 수익은 R, 비용은 E를 ( )안에 표시하시오.

(1) 세 금 과 공 과 ( ) (2) 여 비 교 통 비 ( ) (3) 유형자산처분손실 ( )

(4) 단기매매증권처분이익 ( ) (5) 잡 　 손 　 실 ( ) (6) 보 　 험 　 료 ( )

(7) 잡 　 　 　 비 ( ) (8) 급 　 　 　 여 ( ) (9) 수 수 료 수 익 ( )

(10) 상 품 매 출 이 익 ( ) (11) 광 고 선 전 비 ( ) (12) 유형자산처분이익 ( )

(13) 통 　 신 　 비 ( ) (14) 이 자 비 용 ( ) (15) 단기매매증권처분손실 ( )

(16) 소 모 품 비 ( ) (17) 이 자 수 익 ( ) (18) 수 수 료 비 용 ( )

(19) 운 　 반 　 비 ( ) (20) 도 서 인 쇄 비 ( ) (21) 임 　 대 　 료 ( )

03 임식상회의 2014년 1월 1일부터 12월 31까지의 수익과 비용에 관한 자료에 의하여 손익계산서를 작성하시오.

상 품 매 출 이 익	₩980,000	임 대 료	₩320,000	이 자 수 익	₩250,000
급 여	450,000	통 신 비	30,000	보 험 료	130,000
수 선 비	130,000	수 도 광 열 비	220,000	세 금 과 공 과	50,000
소 모 품 비	110,000	여 비 교 통 비	150,000	잡 비	30,000

손익계산서

임식상회　　　　　　　2014년 1월 1일부터 12월 31일까지　　　　　　　단위 : 원

비 용	금 액	수 익	금 액

04 옥희상회의 2014년 1월 1일부터 12월 31까지의 수익과 비용에 관한 자료에 의하여 손익계산서를 작성하시오.

상 품 매 출 이 익	₩750,000	수 수 료 수 익	₩250,000	이 자 수 익	₩320,000
급 여	380,000	임 차 료	150,000	보 험 료	180,000
광 고 선 전 비	260,000	수 도 광 열 비	250,000	세 금 과 공 과	60,000
소 모 품 비	110,000	잡 비	150,000	잡 손 실	30,000

손익계산서

옥희상회　　　　　　　2014년 1월 1일부터 12월 31일까지　　　　　　　단위 : 원

비 용	금 액	수 익	금 액

1. 손익법 등식

수익과 비용을 비교하여 당기순손익을 계산하는 방법(= 거래유지접근법)

총 수 익 - 총 비 용 = 순 이 익
총 비 용 - 총 수 익 = 순 손 실

2. 재산법 등식

기초자본과 기말자본을 비교하여 당기순손익을 계산하는 방법(=자본유지접근법)

기 말 자 본 - 기 초 자 본 = 순 이 익
기 초 자 본 - 기 말 자 본 = 순 손 실

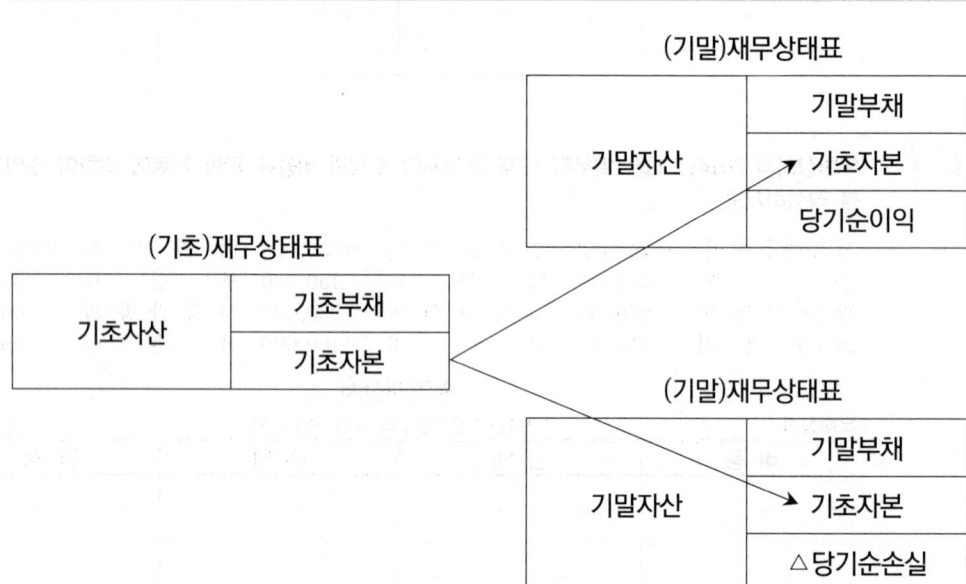

연 습 문 제

01 다음의 (   )안에 알맞은 말을 넣으시오.

(1) 손익계산서의 대변합계금액이 많으면 (   )이 발생하고, 차변합계금액이 많으면 (   )이 발생한다.

(2) 순손익을 계산하는 방법에는 (   )과, (   )이 있다.

(3) 기말자본 − 기초자본 = (   )을 재산법등식이라 한다.

(4) 총수익 − (   ) = 당기순이익을 손익법등식이라 한다.

(5) 자본의 추가출자 없이 기업의 영업활동의 결과로 자본의 증가를 가져오는 것을 (   )이라 한다.

02 다음 자료에 의하여 (   )안에 알맞은 숫자를 기입하시오.(△는 당기순손실)

No	기 초			기 말			총수익	총비용	순손익
	자 산	부 채	자 본	자 산	부 채	자 본			
1	35,000	15,000	( )	80,000	55,000	( )	35,000	( )	( )
2	( )	90,000	50,000	( )	82,000	56,000	( )	26,000	( )
3	89,000	34,000	( )	96,000	( )	( )	68,000	( )	△3,000

03 현주상회의 2014년 1월 1일부터 12월 31일 까지의 자료는 다음과 같다. 기초재무상태표와 기말재무상태표 및 손익계산서를 작성하시오.

(1) 2014년 1월 1일(기초)의 재무상태

현금및현금성자산 ₩450,000 단 기 매 매 증 권 ₩60,000 외 상 매 출 금 ₩390,000
받 을 어 음 150,000 상 품 350,000 비 품 200,000
외 상 매 입 금 300,000 미 지 급 금 160,000 단 기 차 입 금 140,000

(2) 2014년 12월 31일(기말)의 재무상태

현금및현금성자산 ₩760,000 단 기 매 매 증 권 ₩70,000 외 상 매 출 금 ₩430,000
받 을 어 음 230,000 상 품 260,000 비 품 150,000
외 상 매 입 금 270,000 미 지 급 금 230,000 단 기 차 입 금 250,000

(3) 2014년 1월 1일부터 12월 31일까지 발생한 수익과 비용

상 품 매 출 이 익 ₩560,000 임 대 료 ₩240,000 이 자 수 익 ₩130,000
급 여 330,000 수 도 광 열 비 160,000 세 금 과 공 과 90,000
여 비 교 통 비 130,000 보 험 료 30,000 잡 비 40,000

재무상태표(기초)

현주상회	2014년 1월 1일		(단위 : 원)
자산	금액	부채·자본	금액

손익계산서

현주상회	2014년 1/1~12/31		(단위 : 원)
비 용	금 액	수 익	금액

재무상태표(기말)

현주상회	2014년 12월 31일		(단위 : 원)
자산	금액	부채·자본	금액

(1) 기초자본금은 얼마인가? (   )

(2) 기말부채는 얼마인가? (   )

(3) 기말자본금은 얼마인가? (   )

(4) 당기 총비용은 얼마인가? (   )

(5) 당기순손익은 얼마인가? (   )

(6) 재산법 : (   ) − (   ) = (   )

(7) 손익법 : (   ) − (   ) = (   )

05 »» 거래(去來)

1. 회계상의 거래(accounting transactions)

기업의 경영활동에 의하여 자산·부채·자본 증감변화를 일으키는 모든 현상을 거래라 한다. 회계상의 거래는 일상생활에서 통용되는 의미의 거래와는 인식의 차이가 있다.

회 계 상 의 거 래		
화재, 도난, 파손, 감가, 대손등과 상품가격의 하락	자산의 구입과 판매 채권·채무의 발생과 소멸 금전의 소비대차 비용의 지급, 수익의 수입등	건물의 임대차계약 상품의 매매계약 상품의 주문서 발송 건물·토지 등의 담보설정
	일 상 생 활 에 서 의 거 래	

2. 거래의 8요소와 결합관계

기업에서 일어나는 거래는 여러 가지가 있으나 결국은 자산의 증가와 감소, 부채의 증가와 감소, 자본의 증가와 감소, 수익의 발생과 비용의 발생이라는 8요소로 구성되어 있다. 거래의 8요소가 서로 결합되어 여러 가지 조합을 이루는 관계를 나타내면 다음과 같다. 모든 거래에는 반드시 차변요소와 대변요소가 서로 여러 가지 형태로 결합하여 나타난다.

[거래의 8요소]

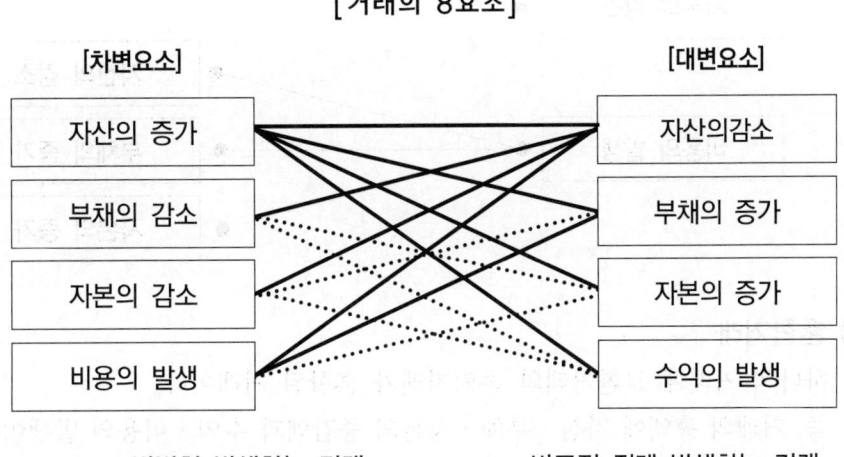

━━━ 빈번히 발생하는 거래   ┄┄┄┄ 비교적 적게 발생하는 거래

3. 거래의 이중성

회계상의 거래는 자산, 부채, 자본의 증감과 수익과 비용이 발생하는 차변요소와 대변요소가 서로 결합하여 발생하므로 어떠한 거래가 발생하더라도 양쪽에 같은 금액으로 이중기입이 행해진다. 이를 <u>거래의 이중성</u>이라고 한다.

4. 거래의 종류

1) 교환거래

자산·부채·자본의 증감변화만 발생하는 거래로 수익·비용의 발생이 없는 거래이다.

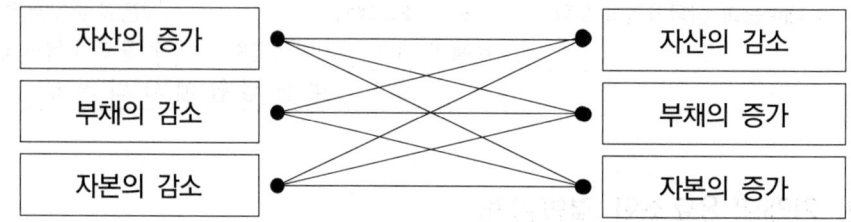

2) 손익거래

거래총액이 수익이나 비용으로 발생하는 거래이다

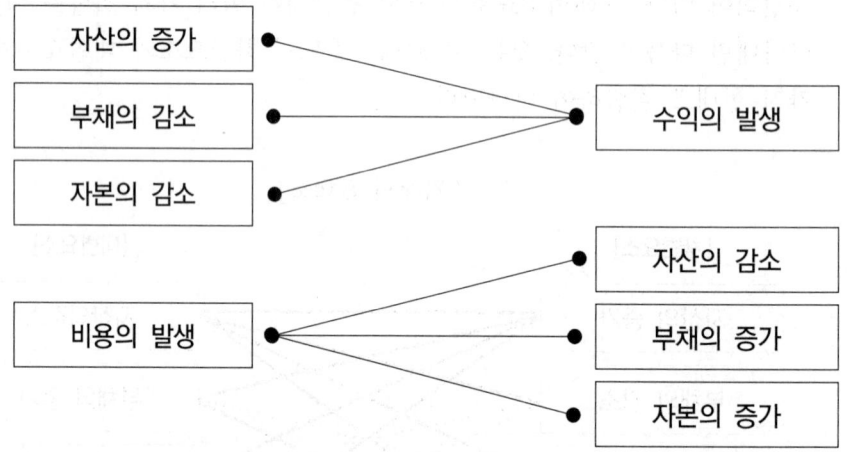

3) 혼합거래

하나의 거래에 교환거래와 손익거래가 혼합된 거래이다.
즉, 거래의 총액에 자산·부채·자본의 증감액과 수익·비용의 발생이 혼합된 거래이다.

연습문제

01 다음의 자료에 의하여 회계상의 거래인것은 ○표, 아닌것은 ×표를 하시오.

(1) 상품 ₩300,000을 현금을 받고 매출하다. ( )
(2) 현금 ₩100,000,000을 출자하여 영업을 개시하다. ( )
(3) 사무실 보증금 ₩20,000,000을 지급하기로 하고 계약하다. ( )
(4) 화재로 인하여 ₩30,000,000의 창고 건물이 소실되다. ( )
(5) 거래처인 한라상회에 상품 ₩6,000,000을 주문하다. ( )
(6) 매월 급여 ₩1,000,000을 지급하기로 하고 종업원 1명을 채용하다. ( )
(7) 상품 ₩500,000을 현금으로 매입하다. ( )
(8) 금고에 보관 중이던 현금 ₩500,000을 도난당하다. ( )
(9) 거래처의 부도로 받을어음 ₩600,000이 회수불능되다. ( )
(10) 기계장치를 사용함으로 인하여 가치가 감소하다. ( )
(11) 창고에 상품 ₩400,000을 보관하다. ( )
(12) 현금 ₩10,000,000을 대여하다. ( )
(13) 자금의 차입을 위하여 건물 ₩10,000,000을 담보로 제공하다. ( )

02 다음 회계상의 거래를 보고 교환거래는 "교", 손익거래는 "손", 혼합거래는 "혼" 이라고 ( )안에 표시하시오.

(1) 상품 ₩13,000을 매입하고 대금은 현금지급하다. ( )
(2) 현금 ₩13,000을 도난당하다. ( )
(3) 대여금 ₩500,000과 이자 ₩20,000을 기일에 현금으로 회수하다. ( )
(4) 영업용 책상과 의자 1조를 ₩100,000에 구입하고 대금은 나중에 지급하기로 하다. ( )
(5) 화재로 상품 ₩30,000을 소실하다. ( )
(6) 점주가 거래처로부터 외상값 ₩400,000을 받아 가계비로 사용하다. ( )
(7) 집세 ₩200,000을 현금으로 지급하다. ( )

03 다음 거래를 보고 거래요소의 결합관계와 거래의 종류를 표시하시오.

(1) 현금 ₩6,000,000을 출자하여 영업을 개시하다.
(2) 업무용 컴퓨터 ₩1,000,000을 구입하고, 대금은 나중에 지급하기로 하다.
(3) 거래처의 외상매입금 ₩900,000을 현금으로 지급하다.
(4) 영일상점에서 상품 ₩480,000을 매입하고, 대금은 현금으로 지급하다.
(5) 업무용 승용차에 대한 보험료 ₩350,000을 현금으로 지급하다.
(6) 이자 ₩15,000을 현금으로 지급하다.
(7) 건물을 빌려주고 집세 ₩50,000을 현금으로 받다.
(8) 단기대여금 ₩450,000과 그에 대한 이자 ₩9,000을 현금으로 받다.
(9) 단기차입금 ₩840,000과 그 이자 ₩12,000을 현금으로 지급하다.
(10) 상품 ₩980,000(원가 ₩800,000)을 매출하고, 대금은 월말에 받기로 하다.

| No | 거래요소의 결합관계 | | 거 래 의 종 류 |
	차 변	대 변	
(1)			
(2)			
(3)			
(4)			
(5)			
(6)			
(7)			
(8)			
(9)			
(10)			

06 »» 계정(計定)

1. 계정(account : a/c)

회계상의 거래가 발생하면 자산·부채·자본의 증감 변화와, 수익·비용이 발생 또는 소멸하게 되는데 이러한 증감변화를 명백히 하기 위하여 구체적인 항목을 세워 기록, 계산하는데 그 계산단위를 <u>계정</u>이라 하고, 계정에 붙이는 이름을 <u>계정과목</u>이라 하며, 이러한 계정을 기록하는 지면을 <u>계정계좌</u>라 한다. 이때 계정의 왼쪽을 <u>차변(debtor : Dr)</u>, 계정의 오른쪽을 <u>대변(creditor : Cr)</u>이라 한다.

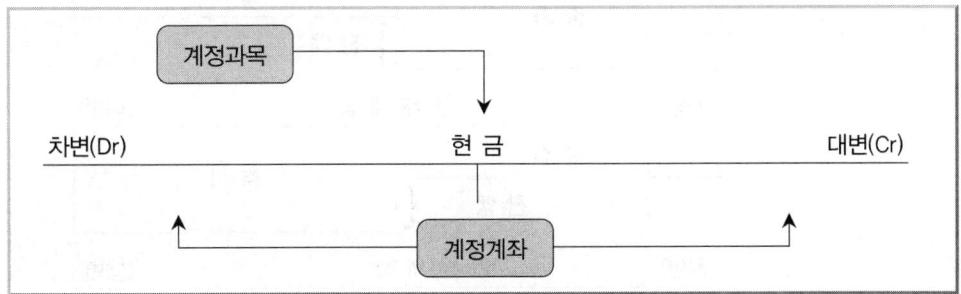

2. 계정의 분류

계정은 회계의 목적에 따라 재무상태표계정과 손익계산서계정으로 분류한다.

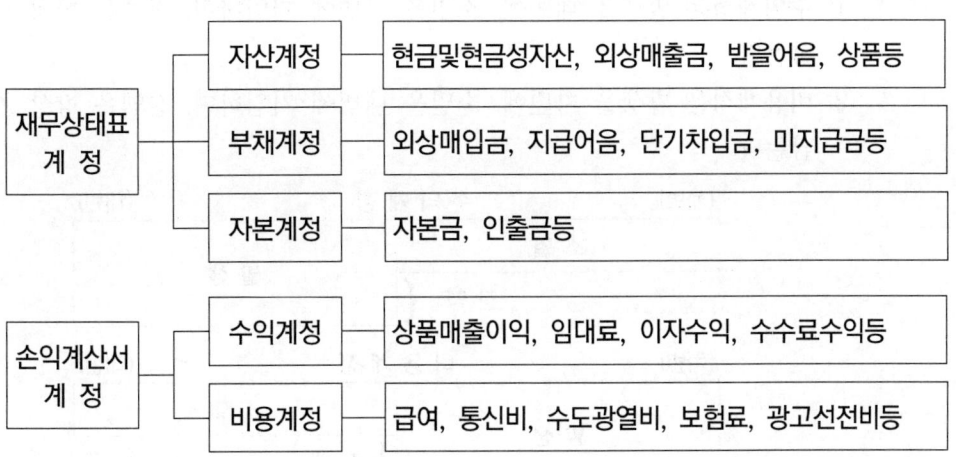

3. 계정의 기입방법

1) 재무상태표 계정의 기입

① 자산계정은 증가를 차변에, 감소를 대변에 기입하며, 잔액은 항상 차변에 남는다.

② 부채계정은 증가를 대변에, 감소를 차변에 기입하며, 잔액은 항상 대변에 남는다.

③ 자본계정은 증가를 대변에, 감소를 차변에 기입하며, 잔액은 항상 대변에 남는다.

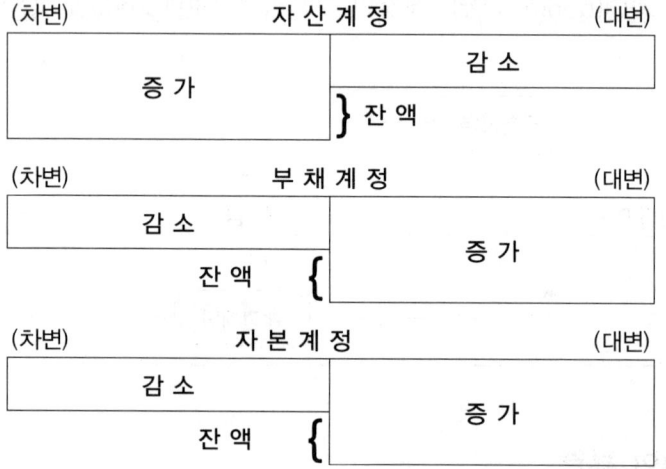

2) 손익계산서 계정의 기입

① 수익계정은 발생을 대변에, 소멸을 차변에 기입하며, 잔액은 항상 대변에 남는다.

② 비용계정은 발생을 차변에, 소멸을 대변에 기입하며, 잔액은 항상 차변에 남는다.

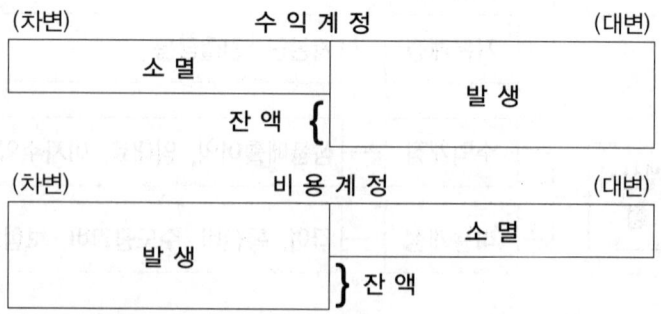

07 » 분개(分介)와 전기(傳記)

1. 분개(Journalizing)

회계상의 거래가 발생하면 이를 해당계정에 표시하여야 하는데, 거래를 해당계정에 기입하기 전 어느 계정에 얼마의 금액이 증감변화가 발생하였는지 먼저 인식·분류하는 절차가 필요하게 되는데 그 절차를 <u>분개</u>라 한다.

> 모든 회계는 분개로부터 최초 기록되므로 분개의 오류로 인해 잘못된 회계정보를 전달하게 된다. 그러므로 회계의 학습에 있어 분개는 가장 중요한 단원이라 할 수 있다.

2. 전기(Posting)

분개가 완료되면 이를 각 계정에 옮겨 기입하게 되는데 그 기입절차를 <u>전기</u>라 한다.

전기하는 방법
 (1) 분개의 차변금액은 해당계정의 차변에, 분개의 대변금액은 해당계정의 대변에 각각 옮겨 기입하고,
 (2) 계정계좌의 과목란에는 상대편 계정과목을 기입하여 차후 거래의 추정을 원활히 할 수 있다. 단, 상대편 계정과목이 둘 이상인 경우는 "<u>제좌</u>"로 기입한다.

[분개 및 전기 예시]

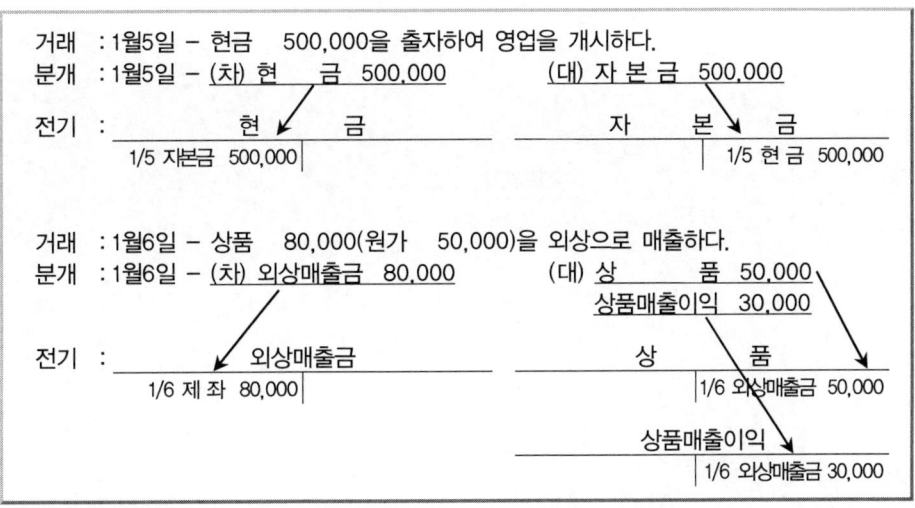

3. 대차평균의 원리(principle of equilibrium)

모든 회계거래는 거래의 이중성에 따라 차변요소와 대변요소에 같은 금액이 기입 된다. 따라서 아무리 많은 거래가 기입되더라도 계정 전체를 놓고 보면 차변합계액과 대변합계액은 반드시 일치하게 되는데, 이것을 <u>대차평균의 원리</u> 라고 한다. 대차평균의 원리에 의해서 차변합계액과 대변합계액을 상호비교하여 그것이 일치하는가를 확인함으로서, 기록·계산의 정확성 여부를 자동적으로 검증할 수가 있다.

연 습 문 제

01 다음의 거래를 분개하시오.

(1) 현금 ₩5,000,000을 출자하여 영업을 개시하다.
(2) 영업용 책상과 의자 ₩150,000을 구입하고, 대금은 현금으로 지급하다.
(3) 상품 ₩3,500,000을 매입하고, 대금 중 ₩2,000,000은 현금으로 지급하고, 잔액은 외상으로 하다.
(4) 종업원에게 급여 ₩700,000을 현금으로 지급하다.
(5) 상품 ₩1,500,000(원가 ₩1,200,000)을 매출하고, 대금 중 ₩500,000은 현금으로 받고, 잔액은 외상으로 하다.
(6) 전기요금 ₩125,000과 수도요금 ₩30,000을 현금으로 지급하다.
(7) 외상매입금 ₩500,000을 현금으로 지급하다.
(8) 현금 ₩1,000,000을 차용증서를 발행하여 주고 차입하다.
(9) 외상매출금 ₩500,000을 약속어음으로 받다.
(10) 건물에 대한 화재보험료 ₩350,000을 현금으로 지급하다.

No	차 변 과 목	금 액	대 변 과 목	금 액
(1)				
(2)				
(3)				
(4)				
(5)				
(6)				
(7)				
(8)				
(9)				
(10)				

02 다음의 거래를 분개하시오.

(1) 현금 ₩1,000,000(단기차입금 ₩300,000포함)으로 상품매매업을 개시하다.
(2) 상품 ₩1,500,000을 매입하고, 대금 중 ₩1,000,000은 현금으로 지급하고, 잔액은 외상으로 하다.
(3) 장부 및 복사용지 ₩50,000을 구입하고 현금으로 지급하다.
(4) 사무실을 임차하고 집세 ₩500,000을 수표 발행하여 지급하다.
(5) 자동차세 ₩150,000과 사업소세 ₩170,000을 현금으로 납부하다.
(6) 단기대여금 ₩1,500,000과 그 이자 ₩60,000을 현금으로 회수하다.
(7) 단기차입금 ₩200,000과 그 이자 ₩20,000을 현금으로 지급하다.
(8) 창고에 보관중인 빈 박스등을 ₩40,000에 처분하고 현금으로 받다.
(9) 전화요금 ₩65,000을 현금으로 납부하다.
(10) 상품 ₩1,850,000(원가 ₩1,500,000)을 매출하고, 대금 중 ₩850,000은 현금으로 받고, 잔액은 약속어음으로 받다.

No	차 변 과 목	금 액	대 변 과 목	금 액
(1)				
(2)				
(3)				
(4)				
(5)				
(6)				
(7)				
(8)				
(9)				
(10)				

03 다음의 연속된 거래를 분개하고 아래 계정에 전기하시오.

2월 1일 현금 ₩2,000,000을 출자하여 상품매매업을 시작하다.
　 5일 영민상점에서 현금 ₩700,000을 차입하다.
　 9일 정환상점에서 상품 ₩800,000을 매입하고, 대금 중 ₩100,000은 현금으로
　　　 지급하고, 잔액은 외상으로 하다.
　16일 영업용 책상과 의자 ₩200,000을 구입하고, 대금은 현금으로 지급하다.
　19일 정환상점의 외상매입금 ₩100,000을 현금으로 지급하다.
　20일 종헌상점에 상품 ₩760,000(원가 ₩500,000)을 외상으로 매출하다.
　21일 우리상점의 차입금 중 ₩300,000과 이자 ₩25,000을 현금으로 지급하다.
　23일 종헌상점으로부터 외상매출금 ₩400,000을 현금으로 회수하다.
　25일 2월분 종업원 급여 ₩650,000을 현금으로 지급하다.

월 일	차 변 과 목	금 액	대 변 과 목	금 액
2월 1일				
5일				
9일				
16일				
19일				
20일				
21일				
23일				
25일				

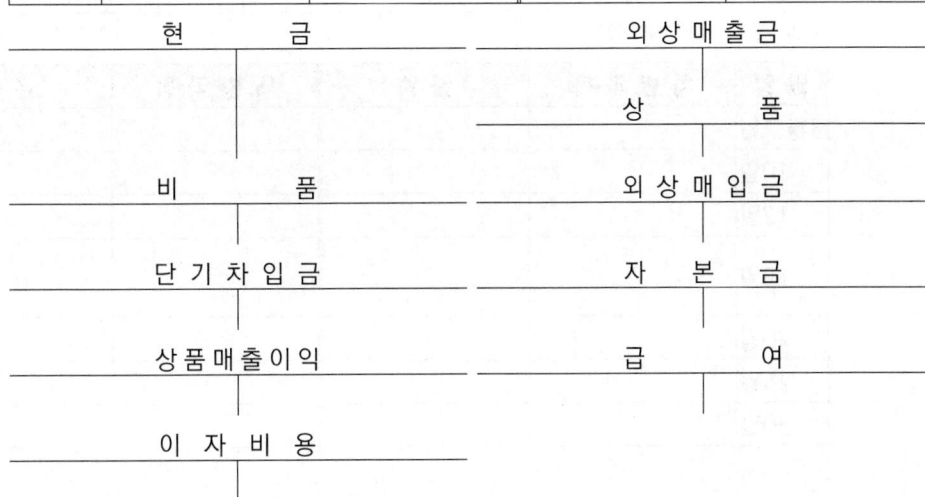

04 다음의 분개를 보고 거래의 내용을 추정하시오.

No	차 변 과 목	금 액	대 변 과 목	금 액	거 래 내 역
(1)	현　　　금	1,000,000	자 본 금	1,000,000	
(2)	상　　　품	500,000	현　　　금 외 상 매 입 금	150,000 350,000	
(3)	현　　　금	600,000	단 기 차 입 금	600,000	
(4)	현　　　금 외상매출금	350,000 400,000	상　　　품 상품매출이익	500,000 250,000	
(5)	급　　　여	750,000	현　　　금	750,000	

05 다음 계정의 기입면을 보고 날짜순으로 분개를 추정하시오.

현　금

3/ 1 자 본 금 900,000	3/12 당 좌 예 금 500,000
3/15 제　좌 350,000	3/25 외 상 매 입 금 250,000
	3/30 급　여 450,000

당 좌 예 금

3/12 현　금 500,000	3/20 비　품 400,000

상　품

3/10 외상매입금 290,000	3/15 현　금 315,000

비　품

3/20 당좌예금 400,000

외상매입금

3/25 현　금 250,000	3/10 상　품 290,000

자 본 금

3/ 1 현　금 900,000

급　여

3/30 현　금 450,000

상품매출이익

3/15 현　금 35,000

월 일	차 변 과 목	금 액	대 변 과 목	금 액
3월 1일				
10일				
12일				
15일				
20일				
25일				
30일				

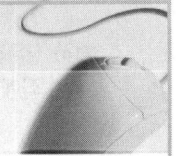

분 개 총 정 리

(1) 신한은행 보통예금 통장에서 현금 ₩100,000을 인출하였다.

(2) 당좌예금 잔액이 부족할 것에 대비하여 보통예금에서 ₩1,000,000을 당좌예금계좌로 계좌이체 하였다.

(3) 단기시세차익목적으로 (주)삼익의 주식 ₩2,000,000을 현금으로 매입을 하였다.

(4) 현금 ₩2,000,000과 상품 ₩300,000, 비품 ₩500,000을 출자하여 영업을 개시하다.

(5) 영업용 건물 ₩7,000,000을 구입하고, 대금은 1개월 후에 지급하기로 하다

(6) (주)개발로부터 외상매출금 ₩500,000을 현금으로 수취하였다.

(7) (주)부산으로부터 외상매출금 ₩1,000,000을 회수하면서 반액은 현금으로 수취하였으며 반액은 어음으로 수취하였다.

(8) (주)대전으로부터 외상매출금 ₩1,500,000을 회수하면서 ₩1,000,000은 동점발행 약속 어음으로 수취하였으며 ₩500,000은 현금으로 받아 즉시 당좌예입하였다.

(9) 설악상점에 상품 ₩500,000을 매입 주문하다.

(10) 영업용으로 사용하던 컴퓨터를 ₩100,000에 현금으로 매각을 하였다.

(11) 종업원 가보람의 택시요금 ₩15,000을 현금으로 지급하였다.

(12) 영업용 책상, 의자등 응접세트를 ₩700,000에 보은상사에서 매입하고 운반비 ₩30,000과 함께 현금으로 지급하였다.

(13) (주)옥희에게 판매용 선풍기 계약금 ₩1,000,000을 매입하기로 계약하고, ₩200,000을 현금으로 지급하였다.

(14) (주)전자에게 상품 ₩10,000,000을 매입하기로 하고 대금의 일부인 ₩1,000,000을 보통예금 계좌에서 인터넷 뱅킹으로 지급하였다.

(15) (주)민주상사에서 상품 ₩7,000,000을 매입하기로 하고 매입대금의 10%를 당좌예금계좌에서 지급하였다.

(16) 거래처로부터 개업 축하금으로 받은 현금 ₩500,000을 잡이익으로 처리하였다.

(17) 경남은행에서 현금 ₩20,000,000을 차입하여, 즉시 당좌예입 하였다.

(18) 대동은행에서 현금 ₩50,000,000을 대출하고 대출금은 보통예금에 입금하였으며, 대출과 관련하여 건물 ₩100,000,000을 담보로 제공하였다.

(19) (주)동서에 차용증서를 받고 현금 ₩3,000,000을 대여하였다.

(20) (주)동서에 대여해준 ₩3,000,000과 대여금에 대한 이자 ₩300,000을 현금으로 수취하여 당좌예입 하였다.

(21) 태전유통으로부터 상품 ₩5,000,000을 외상으로 매입하였다.

(22) 경북상회로부터 판매용 에어컨 ₩500,000을 매입하고 약속어음을 발행하여 지급하였다

(23) 이달분 신문구독료 ₩5,000을 현금으로 지급하다.

(24) 태양유통으로부터 상품 ₩2,000,000을 매입하고 상품 매입시 발생한 운반비 ₩20,000과 함께 현금으로 지급하였다.

(25) 관리(주)에서부터 상품 ₩3,000,000을 외상으로 매입하고 당점부담의 운반비 ₩20,000 은 현금으로 지급하였다.

(26) (주)보람에게 상품 ₩1,000,000을 매입하고 계약금 ₩400,000을 제외한 잔액은 자기앞수표로 지급하였다.

(27) 사무실에서 사용할 A4용지 10box(@₩20,000)를 현금으로 매입하였다.(비용처리)

(28) 상품 포장용 소모품 ₩800,000을 비타상회에서 외상으로 매입하였다.(자산처리)

(29) 영업용으로 사용하기위해 A4용지 ₩80,000을 BC카드(신용카드)로 매입하였다.

(30) 매장을 신축하기 위하여 토지를 명성부동산으로부터 ₩10,000,000에 구입을 하고 대금중 ₩2,000,000은 현금으로 지급하였으며, 잔액은 4개월후에 지급하기로 하였다. 또한 토지에 대한 취득세 ₩200,000은 현금으로 지급하였다.

(31) 영업에 사용하기 위하여 기아자동차로부터 승용차 한 대를 ₩10,000,000을 매입하고, 법인 카드인 신한카드로 결제하였다.

(32) (주)현대는 본사 건물이 노후로 인하여 외장 도색을 실시하고 도색비 ₩300,000을 수표를 발행하여 지급하였다.

(33) 영업용으로 사용하기위해 에어컨을 블랙상사로부터 매입하고 에어컨 매입대금 ₩2,000,000을 외상으로 매입하였다.

(34) 업무에 사용하기 위해 책상과 의자 세트를 엘리트가구에서 ₩500,000에 매입하고 대금은 법인카드인 신한카드로 결제하였다.

(35) 사무실에서 사용할 목적으로 컴퓨터 ₩1,200,000을 매입하고 운반비 ₩3,000과 함께 현금 으로 지급하였다.

(36) (주)카이자동차로부터 상품운반용 트럭 ₩20,000,000을 10개월 무이자 할부로 구입 하였다.

(37) 위 트럭을 등록하면서 취득세 ₩200,000을 현금으로 납부하였다.

(38) 본경상사(주)의 미수금 ₩500,000을 현금으로 회수하였다.

(39) 본사는 판매관리용 프로그램을 (주)나연소프트로부터 구입하기로 계약하고 아래와 같은 계약서를 작성하였다.

모델명	수량	단 가	금 액	비 고
Window 7	7대	@280,000	1,960,000	대금은 설치 후 지급하기로 하였다.

(40) 본사는 판매관리용 프로그램을 (주)나연소프트에서 계약서대로 구입하고 설치하였으며, 대금은 전액 현금으로 지급하였다.

(41) 본사는 상품 보관용 창고를 임차하고 당월분 월세 ₩300,000을 현금으로 지급하였다.

(42) 태진유통의 외상매입금 ₩1,000,000을 약속어음을 발행하여 지급하였다.

(43) 유경유통의 외상매입금 ₩2,000,000을 보통예금계좌로 계좌이체 하였으며 계좌이체수수료 ₩1,000 또한 보통예금계좌에서 지급되었다.

(44) (주)한국에게 발행하였던 약속어음 ₩1,000,000이 만기가 되어서 당사 당좌예금계좌에서 이체되어 지급되었음을 확인하였다.

(45) 대구은행으로부터 현금 ₩20,000,000을 10개월후에 상환하기로 하였고 차입하였다.

(46) 농협으로부터 차입한 차입금 ₩10,000,000이 만기가 도래하여 이자 ₩1,000,000과 함께 현금으로 상환하였다.

(47) 호연상사에 상품 ₩20,000,000을 판매하기로 계약하고 계약금 ₩2,000,000을 호연상사 발행 당좌수표로 수취하였다.

(48) (주)전산에 상품 ₩3,000,000을 판매하기로 하고 계약금으로 대금의 10%를 보통예금으로 수취하였다.

(49) 사업확장을 위하여 신한은행으로부터 ₩30,000,000을 차입하고 차입즉시 당좌예금계좌에 입금하였다.(상환예정일 : 2017년 2월 3일, 연이자 12%, 이자는 만기일에 일시지급하기로함)

(50) 대표자가 판매용으로 보유하고 있는 상품 ₩2,000,000을 개인용도로 사용하였다.

(51) 대표자의 종합소득세 ₩200,000을 당사 보통예금계좌로 이체하여 지급하였다.

(52) 대표자가 회사의 자금이 부족 할 것에 대비하여 현금 ₩10,000,000을 회사의 당좌예금 계좌에 입금하였음을 확인하였다.

(53) (주)블루에 상품 ₩7,000,000을 현금으로 판매하였다.

(54) 혜원상사에 상품 ₩3,000,000을 매출하고 ₩1,000,000은 자기앞수표를 수취 하였고 나머지 잔액은 혜원상사 발행 약속어음으로 수취하였다.

(55) 민정상사에 상품 ₩20,000,000을 판매하고 계약금 ₩2,000,000을 제외한 잔액은 외상으로 하였다.

(56) (주)회계에게 상품 ₩7,000,000을 매출하고 상품 대금은 당좌예금계좌로 입금 받다.

(57) (주)원리에게 판매용 선풍기 70대(@ ₩250,000)를 판매하고 약속어음으로 수취하였다. 단, 당점부담 운반비 ₩50,000은 현금으로 별도로 지급하였다.

(58) 종업원의 급여 ₩1,500,000을 지급하면서 근로소득세 ₩30,000과 지방소득세 ₩3,000을 제외한 잔액을 현금으로 지급하였다.

(59) 급여 지급시 차감한 근로소득세 ₩30,000과 지방소득세 ₩3,000을 관할 세무서에 현금으로 납부하였다.

(60) 상품매매 중개수수료 ₩40,000을 현금으로 지급하다.

(61) 종업원의 단합대회를 실시하고, 회식대금 ₩800,000을 BC카드로 결제하였다.

(62) 신규직원을 채용하고 신입사원환영회를 실시하였다. 이에 따른 식대 및 음료대 ₩430,000은 법인카드인 신한카드로 결제하였다.

(63) 인사과직원 정채영의 결혼축하금으로 ₩100,000을 현금으로 지급하였다.

(64) 영업부 직원들의 유니폼 ₩200,000을 구입하고 대금은 월말에 지급하기로 하였다.

(65) 당사 창립기념일에 참석한 직원 자녀들을 위하여 동화책 ₩250,000을 구입하고 보통예금계좌로 이체하여 지급하였다.

(66) 매출처 (주)소시에 전달할 선물용품 ₩360,000을 인터넷 쇼핑으로 구매하고 대금은 당사 당좌예금계좌에서 이체하여 지급하였다.

(67) 매출처 직원의 부친상에 조의금 ₩100,000을 현금으로 지급하였다.

(68) 매출처 직원과 식사를 하고 대금은 현금으로 지급하였다. 식사내역은 다음과 같다.

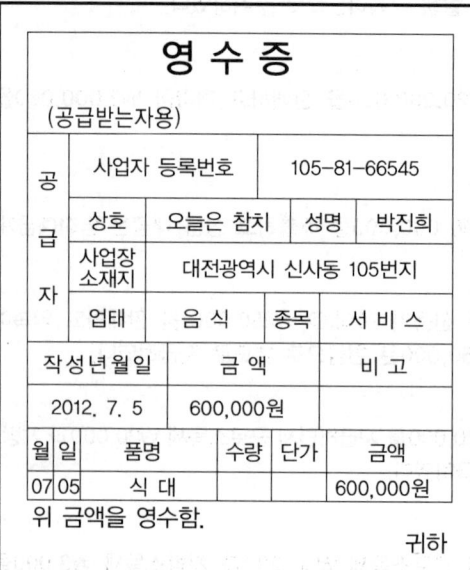

영 수 증				
(공급받는자용)				
공급자	사업자 등록번호		105-81-66545	
	상호	오늘은 참치	성명	박진희
	사업장 소재지	대전광역시 신사동 105번지		
	업태	음 식	종목	서 비 스
작성년월일		금 액		비 고
2012. 7. 5		600,000원		

월	일	품명	수량	단가	금액
07	05	식 대			600,000원

위 금액을 영수함.
　　　　　　　　　　귀하

(69) 본사에서 사용한 인터넷 사용요금 ₩100,000을 신한은행에 현금으로 납부하였다.

(70) 거래처에 서류를 보내기위해 우표 ₩300을 현금으로 구입하였다.

(71) 보유중인 토지에 대한 재산세 ₩500,000을 신한은행에 현금으로 납부 하였다.

(72) 상공회의소 회비 ₩100,000을 현금으로 지급하였다.

(73) 영업용 차량에 대한 범칙금 ₩50,000을 신한은행에 현금으로 납부하였다.

(74) 본사 건물에 대한 화재보험을 동부화재에 가입하고 1년분 보험료 ₩1,200,000을 보통예금 계좌에서 이체하여 지급하였다.

(75) 본사에서 사용할 난방용 유류 ₩150,000을 현대주유소에서 매입하고 법인카드인 신한 카드로 결제하였다.

(76) 상품 운반용 트럭의 타이어와 엔진오일을 대하카센타에서 교체하고 대금 ₩200,000은 현금으로 지급하였다.

(77) 거래처에 상품에 대한 견본을 발송하면서 택배비 ₩3,000을 오천퀵에 현금으로 지급하였다.

(78) MBC문화방송에 광고를 의뢰하고 광고료 ₩1,000,000을 현금으로 지급하였다.

(79) 전단지 광고를 위하여 대학복사에 인쇄료 ₩700,000을 현금으로 지급하였다.

(80) 신입사원 교육을 위하여 (주)정리에 위탁교육을 의뢰하고 교육비 ₩230,000을 보통예금계좌에서 지급하였다.

(81) (주)상신의 외상매입금 ₩500,000을 면제받았다.

(82) 본사 건물의 일부를 (주)소시에 임차하여 주고 임대료 ₩200,000을 현금으로 수취 하였다.

(83) 보통예금잔액에 대한 이자 ₩10,000이 보통예금 계좌에 입금됨을 확인하였다.

(84) 아이티 구호기금 ₩10,000,000을 현금으로 SBS방송국에 기탁하였다.

(85) 농협에서 차입한 원금에 대한 이자 ₩100,000을 현금으로 지급하였다.

(86) 박성우 세무사 사무실에 세무기장을 의뢰하고 기장 수수료 ₩100,000을 현금으로 지급하였다.

(87) 당월분 신문구독료 ₩5,000을 동아일보에 현금으로 지급하였다.

(88) 영업소에서 발생한 재활용 빈박스를 고물상회에 처분하고 대금 ₩10,000을 현금으로 수취 하였다.

(89) 직원들의 사기증진을 위해 야유회를 개최하고 야유회 비용 ₩300,000을 현금으로 지급하였다.

(90) 사무실에서 사용하는 TV의 유선방송 시청료 ₩10,000을 현금으로 지급하였다.

(91) 종업원의 업무시 사용하기 위하여 교통카드 ₩100,000을 현금으로 충전하였다.

(92) 배달용 화물차에 주유를 하고 유류대금 ₩20,000원을 현금으로 지급하였다.

(93) 당월분 상·하수도 요금 ₩38,000을 현금으로 지급하였다.

(94) 적십자회비 ₩100,000을 현금으로 지급하였다.

(95) 종업원 구본웅의 출장시 왕복항공료 ₩2,800,000을 현금으로 결제하였다.

(96) 보유중인 자기앞수표 ₩500,000을 신한은행에서 현금으로 교환하고 수수료 ₩500을 현금으로 지급하였다.

(97) 종업원 김나연을 월급 ₩1,500,000을 지급하기로 하고 채용하였다.

(98) 계명상사에 상품 ₩500,000(원가 ₩470,000)을 매출하고 대금은 약속어음으로 수취하였다.

(99) 거래처 고객에 다과대금 ₩20,000을 현금으로 지급하였다.

(100) 아라상사에 상품 ₩2,000,000을 주문하다.

08 >>> 장부(帳簿)

1. 장부

기업의 경영활동에서 발생하는 모든 거래를 기록·계산·정리하여 영업활동에 관한 내용을 명확히 기록하는 지면을 장부라 한다.

2. 장부의 종류

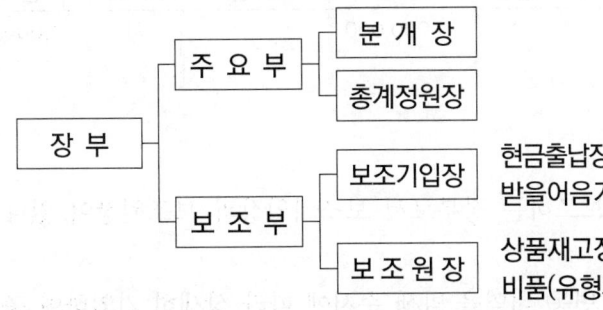

1) 주요부

① 분개장

회계연도 중 발생하는 거래를 발생순서대로 분개하여 기입하는 장부로서 형식에는 병립식과 분할식이 있다.

병립식분개장

분 개 장 (1)

월 일		적 요	원면	차 변	대 변
1	1	(현 금)	1	1,000,000	
		(자 본 금)	10		1,000,000
		현금을 출자하여 영업을 개시하다.			

분할식분개장

분 개 장 (1)

차 변	원면	적 요	원면	대 변
1,000,000	1	1월 1일 (현 금)　　　　　(자 본 금) 현금을 출자하여 영업을 개시하다.	10	1,000,000

② 총계정원장

분개장에 기록된 거래를 각 계정과목별로 구분하여 기입하는 장부로서 "총계정원장" 또는 "원장" 이라하며 형식에는 표준식과 잔액식이 있다.

표준식			현금					(1)
월 일	적 요	분면	금 액	월 일	적 요	분면	금 액	
1 1	자 본 금	1	1,000,000					

잔액식			현금				(1)
월 일	적 요	분면	차 변	대 변	차·대	잔 액	
1 1	자 본 금	1	1,000,000		차	1,000,000	

2) 보조부

주요부의 세부사항을 보조하는 장부로서 보조기입장과 보조원장이 있다.

① 보조기입장

특정계정의 증·감 변동 내역을 발생 순서에 따라 상세히 기입하여 총계정원장의 부족 부분을 보충하는 장부
(ex : 현금출납장, 당좌예금출납장, 매입장, 매출장, 받을어음기입장, 지급어음기입장 등)

② 보조원장

원장의 특정계정에 대한 구성내용을 세부적으로 구분하여 기록·관리하는 보조부(ex : 상품재고장, 매입처원장, 매출처원장등)

❋ 간단한 용어정리
① ₩ : 원(금액의 단위)　　② @₩ : 단가 (단위당 가격)
③ 적요 : 거래의 내용　　④ 원면 : 원장의 면수
⑤ 분면 : 분개장의 면수

3. 전표회계

전표란, 거래의 내용을 최초로 기록하고 관련부서에 신속히 전달할 수 있도록 일정한 양식을 갖춘 용지를 말하며, 입금전표, 출금전표, 대체전표 등이 있다.

1) 전표의 기능
- 거래의 발생사실을 증명하는 증빙서류가 된다.
- 기업의 거래승인에 대한 내부결재서류로서 이용할 수 있다.
- 분개장의 역할을 수행한다.

2) 전표제도의 장점
- 각 부서별로 기장사무를 분담할 수 있다.
- 분개장의 대용으로서 장부조직을 간소화 할 수 있다.
- 장부검사의 수단으로 이용할 수 있다.
- 기록에 대한 책임소재가 명확하여 진다.
- 거래내용을 신속하게 전달할 수 있다.

3) 전표제도의 단점
- 보존 및 관리가 불편하다.
- 거래의 누락 가능성이 높다.

4) 전표의 종류
① **입금전표** : 현금의 수입거래를 기입하는 전표(적색)
  (과목란에는 상대계정인 대변과목만 기입한다.)
② **출금전표** : 현금의 출금거래를 기입하는 전표(청색)
  (과목란에는 상대계정인 차변과목만 기입한다.)
③ **대체전표** : 현금의 입출금이 없는 거래를 기입하는 전표(흑색)
  (차변과목과 대변과목을 모두 기입한다.)

5) 일계표 : 하루 동안 일어난 거래를 각 과목별로 분류 · 집계하는 표
(월별로 분류집계한 표는 월계표라고 한다.)

연습문제

01 다음의 ( )안에 알맞은 말을 넣으시오.

(1) 회계연도 중의 거래를 발생순서대로 분개하여 기입하는 장부를( )이라 한다.

(2) 분개장에 기록된 거래를 계정과목별로 구분하여 기입하는 장부를( )이라 하며 그 형식에는 ( )과 ( )이 있다.

(3) 장부에는 주요부와 보조부가 있는데 주요부에는 ( )과( )이 있으며, 보조부에는 ( )과( )이 있다.

(4) 현금출납장, 매입장, 매출장,등을 ( )이라하며, 상품재고장, 매입처원장, 매출처원장등을 ( )이라 한다.

(5) 거래의 내용을 최초로 기록하고 관련부서에 신속히 전달할 수 있도록 일정한 양식을 갖춘 용지를 ( )라 한다.

02 다음 연속된 거래를 분개장에 기입하고, 총계정원장에 전기하시오.

3/ 1 현금 ₩2,000,000으로 상품매매업을 개시하다.

5 상품 ₩1,500,000을 매입하고, 대금 중 ₩1,000,000은 현금으로 지급하고, 잔액은 외상으로 하다.

8 현금 ₩500,000을 거래은행에 당좌예입하다.

10 영업용 컴퓨터 ₩200,000을 구입하고 대금은 수표발행 하여 지급하다.

15 상품 ₩1,800,000(원가 ₩1,200,000)을 매출하고, 대금 중 ₩800,000은 현금으로 받고, 잔액은 약속어음으로 받다.

20 종업원 급여 ₩400,000을 현금으로 지급하다.

22 전화요금 ₩65,000을 현금으로 납부하다.

25 외상매입금 중 ₩350,000을 현금으로 지급하다.

분 개 장 (1)

월 일	적 요	원면	차 변	대 변

현 금	1		당 좌 예 금	2
			받 을 어 음	3
상 품	4		비 품	5
외 상 매 입 금	6		자 본 금	7
상품매출이익	8		급 여	9
통 신 비	10			

03 다음 1월 18일의 거래를 약식전표에 기입하고, 일계표를 작성하시오.

1 영수상회에 상품 ₩300,000을 매출하고 대금은 현금으로 받다.

2 영희상점에서 상품 ₩250,000을 매입하고, 대금은 현금으로 지급하다.

3 수표 ₩600,000을 발행하여 현금을 인출하다.

4 철수상점에서 상품 ₩750,000을 매입하고, 대금 중 ₩500,000은 현금으로 지급하고, 잔액은 외상으로 하다.

5 도청상점에 상품 ₩250,000을 외상으로 매출하다.

( )전표	( )전표

( )전표	( )전표

( )전표	( )전표

일 계 표

차 변	원면	계 정 과 목	대 변

09 》 시산표(試算表)와 정산표(精算表)

회계기말에 모든 장부를 마감하고 기업의 재무상태와 경영성과등을 명확히 파악하는 일련의 절차를 <u>결산(closing)</u>이라 한다.

결산의 절차는 예비절차, 본절차, 결산보고서 작성절차로 나눌 수 있다.

(1) 결산의 예비절차	⟹	① 시산표의 작성 ② 결산 정리사항의 수정(재고조사표) ③ 정산표의 작성
(2) 결산의 본절차	⟹	① 총계정원장의 마감 ② 제장부의 마감
(3) 결산의 후절차 (결산보고서 작성절차)	⟹	① 손익계산서의 작성 ② 재무상태표의 작성 ③ 기타 재무제표 및 부속명세서 등

1.시산표(Trial balance : T/B)

1) 시산표의 뜻

거래가 발생하면 분개장 또는 전표에 분개한 후 총계정원장에 전기하는데 이러한 일련의 과정이 정확하게 행하여 졌는가를 검산하기 위하여 작성하는 일람표를 <u>시산표</u>라 한다.

2) 시산표의 작성 목적

① 분개와 전기의 정확성 여부를 확인하기 위한 자기검증수단으로 사용
② 회계기간 동안의 거래 총액을 파악
③ 재무제표작성의 기초자료로 사용

3) 시산표의 종류

① 합계시산표 : 원장의 각 계정 차변과 대변의 합계액를 집계하는 시산표로서 합계시간표의 합계금액은 회계기간의 거래총액을 나타낸다.

② 잔액시산표 : 원장의 각 계정 잔액을 집계한 시산표로서 재무제표를 작성하기 전에 기업의 재무상태와 경영성과를 미리 파악할 수 있다.

잔액시산표 등식 : 기말자산 + 총비용 = 기말부채 + 기초자본 + 총수익

③ 합계잔액 시산표 : 합계시산표와 잔액시산표를 하나의 표에 나타낸 시산표로서 회계기간의 거래총액과 재무상태 및 경영성과를 동시에 파악할 수 있다.

4) 시산표에서 발견할 수 없는 오류
- 분개시 계정과목의 혼동으로 차변 또는 대변의 과목이 잘못 기록된 경우
- 분개시 차변과 대변의 금액을 모두 동일금액으로 잘못 입력한 경우
- 거래 전체의 분개가 누락된 경우
- 하나의 거래를 이중으로 분개한 경우
- 두개의 잘못이 서로 우연히 상계된 경우

2. 정산표(Working sheet : W/S)

1) 정산표의 뜻
결산절차 중 장부 마감전에 잔액시산표를 기초로 손익계산서와 재무상태표를 하나의 표에 작성함으로서 가결산을 하는 일람표를 <u>정산표</u>라 한다.

2) 정산표의 종류
정산표는 기입방법에 따라 6위식, 8위식, 10위식 등으로 구분된다.

3) 정산표의 작성방법(예시)

정 산 표

명인상회   2014년 1월 1일부터 2014년 12월 31일까지   (단위 : 원)

계 정 과 목	잔 액 시 산 표		손 익 계 산 서		재 무 상 태 표	
	차 변	대 변	차 변	대 변	차 변	대 변
자 산 항 목	950,000				950,000	
부 채 항 목		400,000				400,000
자 본 항 목		500,000				500,000
수 익 항 목		800,000		800,000		
비 용 항 목	750,000		750,000		일치	
△당 기 순 이 익			△50,000			50,000
	1,700,000	1,700,000	800,000	800,000	950,000	950,000

연 습 문 제

01 다음 자료에 의하여 합계시산표, 잔액시산표, 합계잔액시산표를 작성하시오.

현 금	1		보 통 예 금	2
370,000	80,000		280,000	160,000

외 상 매 출 금	3		단 기 매 매 증 권	4
470,000	350,000		160,000	70,000

상 품	5		비 품	6
660,000	550,000		600,000	

외 상 매 입 금	7		단 기 차 입 금	8
320,000	460,000		450,000	700,000

자 본 금	9		상품매출이익	10
	800,000			420,000

이 자 수 익	11		급 여	12
	130,000		220,000	

임 차 료	13		보 험 료	14
80,000			70,000	

잡 비	15
40,000	

합 계 시 산 표

차 변	원면	계 정 과 목	대 변

잔 액 시 산 표

차 변	원면	계 정 과 목	대 변

합 계 잔 액 시 산 표

차 변		원면	계 정 과 목	대 변	
잔 액	합 계			합 계	잔 액

02 다음의 정산표를 완성하시오. 단, 자본금은 각자 계산할 것

정 산 표

재석상회   2014년 1월 1일부터 2014년 12월 31일까지   (단위 : 원)

계정과목	잔 액 시 산 표		손 익 계 산 서		재 무 상 태 표	
	차 변	대 변	차 변	대 변	차 변	대 변
현 금	825,000					
당 좌 예 금	373,000					
외 상 매 출 금	512,000					
단 기 매 매 증 권	140,000					
상 품	250,000					
비 품	330,000					
외 상 매 입 금		425,000				
단 기 차 입 금		840,000				
자 본 금		( )				
상 품 매 출 이 익		647,000				
임 대 료		170,000				
급 여	338,000					
보 험 료	143,000					
세 금 과 공 과	62,000					
이 자 비 용	49,000					
( )						

10 **결산(決算)**

1. 총계정원장의 마감

총계정원장의 마감은 수익·비용계정(손익계산서계정)의 마감과 자산·부채·자본계정(재무상태표계정)의 마감으로 구분된다.

1) 손익계산서 계정의 마감

손익계산서 계정의 마감은 회계기간 중 발생한 총수익과 총비용을 총괄적으로 집계하기 위한 별도의 집합손익계정이 필요하다.

① 수익계정과 비용계정을 집합손익계정에 대체한다.(대체분개)

② 집합손익계정에서 산출된 당기순손익을 자본금계정으로 대체한다.(대체분개)

구 분		차 변	대 변
수익계정을 집합손익계정 대변에 대체		상품매출이익 ××× 임 대 료 ×××	집 합 손 익 ×××
비용계정을 집합손익계정 차변에 대체		집 합 손 익 ×××	급 여 ××× 보 험 료 ×××
당 기 순 손 익 을 자 본 금 계 정 에 대 체	순이익발생시	집 합 손 익 ×××	자 본 금 ×××
	순손실발생시	자 본 금 ×××	집 합 손 익 ×××

[손익계산서계정의 마감과정]

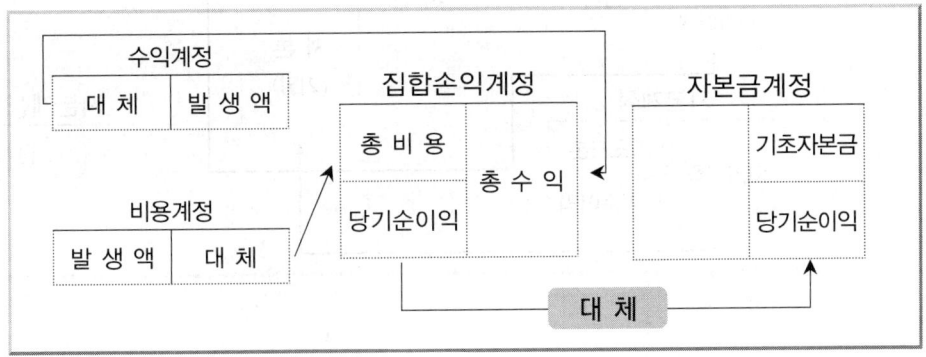

2) 재무상태표 계정의 마감

재무상태표 계정의 마감방법에는 영미식결산법과 대륙식결산법이 있는데 기업에서는 영미식 결산법만 사용하므로 본서에서는 영미식결산법만 설명한다.

① 자산, 부채, 자본계정에 잔액이 발생하므로 부족한 변에 "차기이월"이라 기입하고 차변합계액과 대변합계액의 일치함을 확인 후 마감한다.

② 자산, 부채, 자본계정의 차기이월액을 자료로 "이월시산표"를 작성함으로서 결산이 정확이 이루어졌는지를 확인한다.

③ 결산 종료후 다음 회계기간의 개시일자에 자산, 부채, 자본계정의 잔액을 "전기이월"로 개시기입 한다.(차기이월의 반대쪽에 기입)

〈재무상태표계정의 마감과정 및 이월시산표작성〉

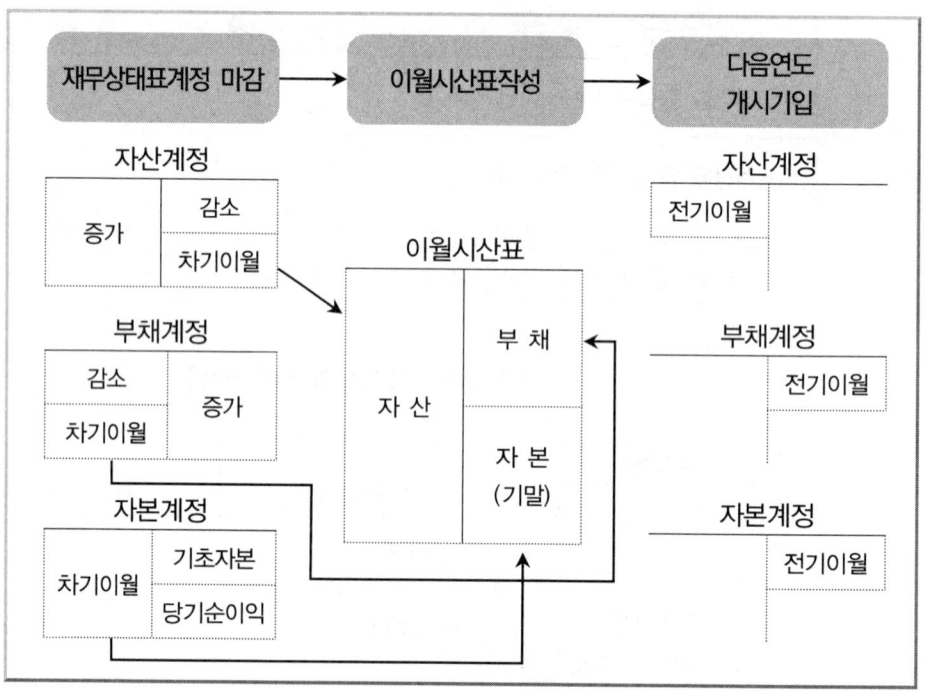

3) 기타 제장부의 마감

총계정원장의 마감이 완료되면, 기타 보조부등의 제장부를 마감하여 당기의 계기록을 최종적으로 종결시킨다.

4) 이월시산표의 작성목적

손익계산서계정(수익, 비용)이 집합손익계정에 대체되고, 수익, 비용의 차액인 당기순손익이 자본계정에 흡수됨으로서 자산, 부채, 자본계정의 잔액이 기말 재무상태표와 동일하게 표시되므로 이월시산표에는 수익, 비용계정은 제외하고, 자산, 부채, 자본계정만 표시한다. 이는 제반 결산과정이 정확이 이루어졌는지를 최종적으로 점검하는 절차로서 후에 재무상태표를 작성하는 기초가 된다.

01 다음 자료에 의하여 2014년 명진상사의 총계정 원장을 영미식에 의해 마감한 후 대체 분개를 하고, 집합손익계정과 이월시산표, 손익계산서와 재무상태표를 작성하시오.

현 금	1		보 통 예 금	2
2,138,000	1,423,000		1,825,000	1,201,000

외 상 매 출 금	3		단 기 매 매 증 권	4
2,383,000	830,000		900,000	250,000

상 품	5		비 품	6
1,920,000	1,020,000		800,000	

외 상 매 입 금	7		단 기 차 입 금	8
875,000	1,245,000		630,000	1,766,000

자 본 금	9		상 품 매 출 이 익	10
	3,000,000			1,670,000

			이 자 수 익	11
				397,000

잡 이 익	12		급 여	13
	588,000		930,000	

임 차 료	14		보 험 료	15
469,000			520,000	

구 분	차 변	금 액	대 변	금 액
수 익 계 정 대 체 분 개				
비 용 계 정 대 체 분 개				
당기순손익 대 체 분 개				

손 익

이 월 시 산 표

2014. 12. 31

차 변	원면	계 정 과 목	대 변

손익계산서

명진상사	2014. 1. 1.~12.31.	단위 : 원	
비 용	금 액	수 익	금 액

재 무 상 태 표

명진상사	2014. 12. 31	단위 : 원	
자 산	금 액	부채자본	금 액

제2장 거래의 기장

01 >>> 현금 및 현금성자산

1. 현금계정(cash account)

현금에는 통화(지폐·주화)뿐만이 아니라 내국통화인 원화로 전환하는데 아무런 제약이 없는 외국통화 및 통화대용증권을 포함하며, 회계상 현금의 수입과 지출을 처리하는 계정이다.

현 금	통 화	지폐와 주화(한국은행권)
	통화대용증권	타인(동점)발행수표, 자기앞수표, 가계수표, 송금수표, 송금환, 우편환증서, 대체저금환급증서, 배당금영수증, 사채만기이자표, 국고송금통지서, 일람출급어음 등

구 분	차 변	대 변
통화 또는 통화대용증권등을 받으면	현 금 ×××	상 품 ×××
동점(타인)발행의 당좌수표를 받으면	현 금 ×××	상 품 ×××
소유하고 있던 통화 또는 통화대용증권을 타인에게 주면	상 품 ×××	현 금 ×××

2. 현금과부족 계정(cash short and over account)

- 현금의 장부잔액과 실제잔액이 일치하지 않을 경우 그 원인이 판명될 때까지 일시적 가계정으로 처리하며 불일치의 원인이 판명되면 해당 계정으로 대체한다.
- 결산일까지 불일치의 원인이 판명되지 않으면 가장 합리적인 과목을 설정하고 과목의 설정이 곤란한 경우 부족액은 잡손실계정으로, 초과액은 잡이익계정으로 처리한다.

구 분	차 변	대 변
현금잔액 부족 (장부잔액 〉실제잔액)	현 금 과 부 족 ×××	현　　　금 ×××
결 산 전　원인이　판명되면	비용또는해당계정 ×××	현 금 과 부 ×××
결 산 시　까 지　원인 불명시	잡　손　실 ×××	현금과부족 ×××
결산 당일 현금이 부족한 경우	잡　손　실 ×××	현　　　금 ×××

구 분	차 변	대 변
현금잔액 과잉 (장부잔액 〈실제잔액)	현　　　금 ×××	현 금 과 부 족 ×××
결 산 전　원인이　판명되면	현 금 과 부 족 ×××	수익또는해당계정 ×××
결 산 시　까 지　원인 불명시	현 금 과 부 족 ×××	잡　이　익 ×××
결산 당일 현금이 과잉인 경우	현　　　금 ×××	잡　이　익 ×××

3. 현금 출납장(보조기입장)

현금의 수입과 지출을 상세히 기록·계산하는 현금계정의 보조기입장이다.

현 금 출 납 장

월일	적 요	수 입	지 출	잔 액

4. 소액현금(전도금)

현금은 보관의 번잡성과 위험성 때문에 현금의 보유를 거의 하지 않음으로 소액의 업무상 경비로 사용하기 위하여 별도로 구분 관리하는 현금보유액을 말한다.

1) 부정액자금전도법 : 필요시마다 자금을 지급(금액보충)하는 방법
2) 정액자금전도법 : 매월초 잔액을 일정액으로 유지하도록 자금을 보급하는 방법

구 분	차 변	대 변
최 초　소 액 자 금　보 급	소 액 현 금 ×××	당 좌 예 금 ×××
월 말　사 용 내 역　보 고 시	소 모 품 비 ××× 통 신 비 ××× 수 도 광 열 비 ××× 잡 비 ×××	소 액 현 금 ×××
다 음 달　초　재 보 급	소 액 현 금 ×××	당 좌 예 금 ×××

※ 소액현금의 입출금 및 사용내역을 회계과에 보고하는 보조기입장으로 소액현금출납장이 있다.

소액현금출납장

수 입 액	월일	적 요	지출합계	지 출 내 역			
				여비교통비	통 신 비	소모품비	잡 비

5. 당좌예금(checking accounts)

은행과 당좌거래 계약을 맺고, 현금등을 당좌예입하고, 필요에 따라 수표를 발행하여 예금을 인출하는 자산계정으로 예입액은 차변에, 수표발행 인출은 대변에 기록된다.

이때 당좌개설보증금을 예치하면 사용이 제한된 예금으로 "특정현금과 예금"계정을 차변에 기록한다.

구 분	차 변	대 변
현 금 을 　 당 좌 예 입 시	당 좌 예 금 　×××	현 　　　 금 　×××
상품 매입하고, 수표발행 지급시	상 　　 품 　×××	당 좌 예 금 　×××

6. 당좌예금 출납장

당좌예금의 예입액과 수표발행으로 인한 당좌예금의 인출액을 상세히 기록·계산하는 당좌예금계정의 보조기입장이다.

당 좌 예 금 출 납 장

월 일	적 　 요	예 　 입	인 　 출	잔 　 액

7. 당좌차월 (bank overdraft account)

당좌수표의 발행은 당좌예금 잔액 한도 내에서 발행하는 것이 원칙이나, 사전에 은행에 토지·건물 등을 담보로 제공하고, 근저당을 설정한 후 당좌차월계약을 맺은 경우, 당좌예금잔액을 초과하여 수표를 발행할 수 있는데, 이때 그 초과금액을 "<u>당좌차월</u>"이라 한다. (재무상태표에는 단기차입금계정에 포함하여 표기한다)

구 분	차 변		대 변	
현 금 을 당 좌 예 입 시	당 좌 예 금	500	현 금	500
상품 매입하고, 수표발행 지급시	상 품	700	당 좌 예 금 당 좌 차 월	500 200
현 금 을 당 좌 예 입 시	당 좌 차 월 당 좌 예 금	200 600	현 금	800

※ 당좌예입시 당좌차월계정잔액이 있는 경우 당좌차월부터 우선 상환한 후 초과 예입액을 당좌예금계정으로 표시한다.

8. 기타 요구불예금

요구불예금에는 보통예금, 저축예금등 입출금이 자유로운 예금을 말하며, 회계처리시 예금종류별로 개별 계정과목을 설정하여 처리할 수도 있고, 은행예금 또는 제예금 등으로 통합(통제계정)하여 사용 할 수도 한다.

9. 현금성자산

<u>큰 거래 비용 없이 현금의 전환이 용이하고, 시장이자율 변동에 따른 가치변동의 위험이 적은</u> 채무증권이나, 단기금융상품등이 <u>취득당시 만기일이 3개월 이내에</u> 도래하는 것을 말한다.

▶ 취득일로부터 3개월 이내에 만기가 도래하는 저축성예금, 상환우선주, 환매채등이 있다

연습문제

01 다음의 거래를 분개하시오.

(1) 상품 ₩800,000을 매출하고 대금은 다음과 같이 받다.
   (현금 ₩300,000 자기앞수표 ₩200,000 동관상회발행 당좌수표 ₩300,000)
(2) 상품 ₩500,000을 매출하고 대금은 송금환으로 받다.
(3) 상품 ₩750,000을 매입하고, 대금중 ₩350,000은 현금으로 지급하고, 잔액은 소유하고
   있던 자기앞수표로 지급하다.
(4) 외상매출금 ₩300,000을 현금으로 회수하여, ₩200,000은 보통예금에 입금하고, 잔액은
   현금으로 보관하다.

No	차 변 과 목	금 액	대 변 과 목	금 액
(1)				
(2)				
(3)				
(4)				

02 다음 거래를 분개하시오.

(1) 현금의 장부잔액은 ₩137,000인데, 실지잔액은 ₩120,000임을 발견하다.
(2) 상기의 부족액 중 ₩9,000은 이달분 수도료 지급분 기장 누락임이 밝혀지다.
(3) 상기(1)의 부족액 중 ₩8,000은 결산일 현재까지 원인 불명이다.
(4) 결산당일 현금 ₩2,000이 부족한 것을 발견하다.
(5) 현금의 장부잔액보다 금고잔액이 ₩8,000이 많음을 발견하다.
(6) 상기의 과잉액 중 ₩5,000은 집세수입액의 기장 누락으로 밝혀지다.
(7) 상기(5)의 과잉액 중 ₩3,000은 결산일 현재까지 원인 불명이다.
(8) 결산시 현금 ₩500이 과잉됨을 발견하다.

No	차 변 과 목	금 액	대 변 과 목	금 액
(1)				
(2)				
(3)				
(4)				
(5)				
(6)				
(7)				
(8)				

03 다음 거래를 일자별로 분개하시오.(당사는 정액자금 전도법을 사용하고 있다)

(1) 5/ 1 용도계에 소액자금으로 ₩160,000을 수표를 발행하여 보급해 주다.

(2) 5/30 용도계로부터 다음과 같이 지급액 내역을 보고 받다.

　　통신비 ₩45,000 수도광열비 ₩20,000 잡비 ₩71,000

(3) 6/ 1 이달분 소액자금을 현금으로 보급하다.

No	차 변 과 목	금　　액	대 변 과 목	금　　액
(1)				
(2)				
(3)				

04 다음의 거래를 분개하시오.

(1) 국민은행과 당좌거래 계약을 맺고, 당좌거래 개설보증금 ₩10,000,000과 당좌예입 금액 ₩1,200,000을 현금으로 입금하다.

(2) 리바트가구에서 책상 및 의자 ₩500,000을 매입하고, 대금은 수표발행 하여 지급하다.

(3) 제주상회에 상품 ₩450,000을 매출하고, 대금 중 ₩250,000은 동점발행 수표로 받아 당좌예입하고 나머지는 외상으로 하다.

(4) 상품 ₩700,000을 우리들상회에 매출하고, 대금은 전액 당점이 발행한 수표로 받다.

No	차 변 과 목	금　　액	대 변 과 목	금　　액
(1)				
(2)				
(3)				
(4)				

1. 단기금융상품의 뜻과 종류

단기적인 투자에 따른 이자수익등을 목적으로하는 정기예금, 정기적금, 사용이 제한되어 있는 예금 및 기타 정형화된 금융상품 등으로 재무상태표 기준일로부터 만기가 1년 이내에 도래하는 자산계정이다.

2. 단기금융상품의 종류

단기금융상품	은행예금 중 저축성예금(정기예금, 정기적금 등)
	사용이 제한된 예금
	기타 정형화된 금융상품 (양도성예금증서, 어음관리구좌, 신종기업어음, 기업금전신탁, 표지어음, 환매채등)

※ 만기가 1년이후에 도래하는 경우에는 장기금융상품으로 분류한다.

구분	내 용
양도성예금증서	은행이 정기예금에 대하여 발행하는 무기명의 예금증서로 예금자는 이를 금융시장에서 자유로이 매매할 수 있다.
기업어음(CP)	국내 우량기업이 금융시장 실세금리 수준으로 어음을 발행하고 있는데, 종합금융사가 이를 인수하여 일반고객에게 매출하는 어음
어음관리구좌 (CMA)	금융기관이 고객들의 예탁금을 받아 높은 수익의 금융상품으로 운용 관리하여 그 수익금을 투자자에게 되돌려주는 새로운 금융상품.
환매채(RP)	증권 회사가 일정한 기간이 지난 후에 일정한 가격으로 도로 사들인다는 조건으로 판매하는 채권
기업금전신탁 (MMF)	투자신탁회사가 고객들의 자금을 모아 펀드를 구성한 다음 금리가 높은 만기 1년 미만의 단기금융상품에 집중투자하여 얻은 수익을 고객에게 되돌려주는 초단기금융상품이다.
표 지 어 음	금융기관이 어음금액을 다시 나누어 재발행하고 개인이나 기관투자가에게 다시 판매하는 어음상품.

※ 단기금융상품중 취득당시 만기가 3개월 이내에 도래하는 것은 현금성자산으로 분류한다.

연 습 문 제

01 다음 거래를 분개하시오

(1) 현금 ₩1,200,000을 거래은행인 기업은행에 연10%의 이자를 받기로 하고 정기 예금 하다.
(2) 위의 정기예금이 만기가 되어 이자 ₩120,000과 함께 당좌예입하다.
(3) 경기은행에 만기 8개월 후 양도성예금증서 액면 ₩10,000,000을 구입하고 할인 이자 ₩300,000을 차감한 나머지는 보통예금에서 이체 지급하다.
(4) 위의 양도성예금증서가 만기가 되어 인출하여 보통예금으로 예입하다.

No	차 변 과 목	금 액	대 변 과 목	금 액
(1)				
(2)				
(3)				
(4)				

1. 단기매매증권

기업의 여유자금을 단기간 운용할 목적으로 <u>시장성 있는</u> 주식·사채·공채(국채, 지방채)등을 구입하여 <u>1년 이내에 처분할 목적</u>으로 보유하고 있는 증권이다.

2. 단기매매증권의 구입 및 처분

구분	차 변	대 변
단 기 매 매 증 권 구 입 시	단 기 매 매 증 권 500	현 금 500
처분시 (장부가액 〈 처분가액)	현 금 700	단 기 매 매 증 권 500 단기매매증권처분이익 200
처분시 (장부가액 〉 처분가액)	현 금 400 단기매매증권처분손실 100	단 기 매 매 증 권 500

※ 단기매매증권의 구입시 수수료등은 비용(지급수수료계정) 처리 한다.
※ 단기매매증권 등의 처분시 수수료는 일반적 상거래에서 발생하는 것이 아니므로 별도의 계정을 사용하지 않고, 단기매매증권처분이익(손실)에서 가감한다.

3. 단기매매증권의 평가(공정가액법)

기말 결산시 유가증권(주식·채권)의 공정가액(시가)과 장부가액(취득원가)이 다른 경우, 종목별로 평가하여 공정가액으로 재무상태표에 표시하여야 한다.

구분	차 변	대 변
상승시 (장부가액 〈 공정가액)	단 기 매 매 증 권 ×××	단기매매증권평가이익 ×××
처분시 (장부가액 〉 공정가액)	단기매매증권평가손실 ×××	단 기 매 매 증 권 ×××

✳ 간단한 용어정리
- 액   면 : 주식이나 공·사채의 권면에 기재된 금액.
- 장부가액 : 자산을 구입하여 장부상 기재된 가액
- 시   가 : 시장에서 자산등이 매매되는 가격
- 공정가치 : 자산등을 팔려는 사람으로부터 사려는 사람으로 이전되는 가격으로 합리적으로 인정된가액

4. 단기매매증권 등의 관련 수익

구 분	차 변		대 변	
공사채에 대한 이자를 받으면	현 금	×××	이 자 수 익	×××
주식에 대한 배당금을 받으면	현 금	×××	배 당 금 수 익	×××

5. 유가증권의 분류

유가증권은 다음과 같이 분류하며 분류의 적정성은 재무상태표일 마다 재검토하여야 한다.

구 분		내 용
일반기업회계기준 (K-GAAP)	한국채택국제회계기준 (K-IFRS)	· 상법상 : 주식,채권,어음,수표,상품권등 · 회계상 : 주식,채권(국채,사채,공채등)
단기매매증권	단기매매금융자산	단기보유(시세차익)목적, 시장성있는 유가증권
만기보유증권	만기보유금융자산	만기까지 보유할 적극적인 의도가 있는 유가증권
매도가능증권	매도가능금융자산	단기매매금융자산, 만기보유금융자산, 관계기업투자주식으로 분류되지 않는 금융자산
지분법적용투자주식	관계기업투자	다른기업에 중대한 영향력(=유의적인 영향력)을 행사, 재무정책과 영업정책에 관한 의사결정에 참여목적의 유가증권

6. 금융자산의 현행 일반기업회계기준과 한국채택국제회계기준의 주요 차이점

	일반 기업회계기준(K-GAAP)	한국채택국제회계기준(K-IFRS)
분 류	유가증권을 지분증권과 채무증권으로 분류하고 투자목적에 따라 단기매매증권, 매도가능증권 및 만기보유증권으로 분류	금융자산을 당기손익인식금융자산, 매도가능금융자산, 대여금 및 수취채권 및 만기보유금융자산의 4가지 범주로 분류
인식과 측정	정형화된 매입의 경우 매매일 회계처리방법만 인정	금융자산의 정형화된 매입의 경우 매매일 회계처리방법 외에 결제일 회계처리도 인정
	-	금융자산은 공정가치로 최초 인식(신설)
	유동자산(일시보유)으로 분류하는 경우 취득을 위한 거래비용(수수료등)은 비용처리함	당기손익인식금융자산의 취득을 위한 거래비용은 당기비용 처리
	비유동자산(장기보유)으로 분류하는 경우 거래비용은 취득원가에 가산한다.	

연 습 문 제

01 다음 거래를 분개하시오.

(1) 단기보유 목적으로 (주)동관 발행 주식 500주(1주액면 ₩5,000)를 @₩7,000에 구입하고, 대금은 수표를 발행하여 지급하다.

(2) 위의 주식 중 200주를 @₩7,500에 매각처분하고, 대금은 현금으로 받다.

(3) 단기자금 운용목적으로 (주)태진의 사채 액면 ₩3,000,000을 액면 @₩10,000에 대하여 @₩9,700에 구입하고, 대금은 현금지급하다.

(4) 위의 사채 중 액면 ₩2,000,000을 액면 @₩10,000에 대하여 @₩9,500으로 매각처분하고, 대금은 현금으로 받다.

No	차 변 과 목	금 액	대 변 과 목	금 액
(1)				
(2)				
(3)				
(4)				

02 다음 거래를 분개하시오.

(1) 결산시 단기적 보유목적의 사채액면 ₩500,000 (장부가격 ₩350,000)을 공정가액 ₩400,000으로 평가하다.

(2) 결산시 단기적 보유목적의 사채권 장부가액 ₩800,000을 공정가액 ₩650,000으로 평가하다.

(3) 결산시 단기적 보유목적의 시장성있는주식 장부가액 ₩400,000을 공정가액₩350,000으로 평가하다.

(4) 결산시 단기적 보유목적의 주식 취득원가 ₩460,000을 공정가액 ₩500,000으로 평가하다.

No	차 변 과 목	금 액	대 변 과 목	금 액
(1)				
(2)				
(3)				
(4)				

03 다음 거래를 분개하시오.

(1) (주)임식산업으로부터 소유하고 있는 사채에 대한 1년분 이자 ₩800,000을 현금으로 받다.
(2) (주)옥희상사로부터 소유하고 있는 주식에 대한 배당금 ₩1,000,000이 당사 보통예금계좌로 입금되다.

No	차 변 과 목	금 액	대 변 과 목	금 액
(1)				
(2)				

04 >>> 재고자산에 관한기장

1. 재고자산의 의의와 종류

재고자산은 기업의 정상적인 영업활동과정에서 판매를 목적으로 보유하고 있는 상기업의 상품, 제조기업의 제품과 반제품 및 생산 중에 있는 재공품, 제품 제조를 위하여 소비될 원재료와 저장품을 말한다. 상품, 제품, 재공품, 반제품, 저장품, 원재료 등을 통합하여 재고자산이라는 계정과목을 사용할 수도 있고, 개별적으로 표시하여 계정과목을 사용할 수도 있다.

구분	내 용
상 품	상기업에서 정상영업활동을 위하여 소유하고 있는 판매목적의 물건
제 품	제조기업에서 원재료 등을 사용하여 제조한 판매목적의 물건으로 예를 들어 TV 생산공장은 TV의 제조를 통하여 판매하기 때문에 제품이라 하지만, 전자제품대리점은 이미 제조된 완제품을 구입하여 판매하기 때문에 상품으로 처리한다.
재 공 품	제조기업에서 원재료등을 사용하여 현재 제조중인 물건이며 판매가 불가능함
반 제 품	제조기업에서 자가제조한 중간제품과 부분품을 말하며 판매가능하다.
저 장 품	소모품, 소모공구기구부품, 수선용부품및 기타 저장품을 말한다.
원 재 료	원료, 재료, 매입부분품, 미착원재료등으로 제품 제조에 사용되는 물건.

2. 재고자산의 취득원가

재고자산의 취득원가는 상품의 경우 매입가액에 매입운임, 매입수수료, 하역비, 보험료등 취득과정에 소요된 취득부대비용을 가산한 금액이다. 만약 매입과 관련하여 매입에누리, 매입할인, 환출 및 이와 유사한 항목은 매입원가에서 차감하여 취득원가를 계산한다. 제품의 경우에는 자가제조에 의하여 원가가 구성되기 때문에 제조원가가 취득원가이며 제품에 대한 자세한 내용은 원가회계부분을 참고하기 바란다.

구분	내 용
상 품	매입가액 + 매입부대비용 - (매입에누리 + 매입할인 + 환출)
제 품	제조원가 = 직접재료비 + 직접노무비 + 제조간접비

3. 재고자산관련 용어

구분		내용
매 출	환 입	매출한 상품이 하자, 파손등의 이유로 반품되어 들어오는 것
	매출에누리	매출한 상품의 불량, 등급착오, 파손등의 이유로 매출대금의 일부를 깎아주는 것
	매출할인	외상매출금의 조기회수(계약상의 약정기한내)에 의하여 대금의 일부를 깎아주는 것
매 입	환 출	매입한 상품이 하자, 파손등의 이유로 반품되어 다시 나가는 것
	매입에누리	매입한 상품의 불량, 등급착오, 파손등의 이유로 매입대금의 일부를 깎는 것
	매입할인	외상매입금의 조기지급(계약상의 약정기한내)에 의하여 대금의 일부를 깎는 것

4. 재고자산 포함여부의 결정

결산 현재 실제 보유하고 있는 재고자산이라도 회사의 재고자산에서 제외하거나 실제 보유하고 있지 않아도 회사의 재고자산에 포함하는 경우가 있다. 즉 재고자산의 실제보유액과 장부상의 잔액금액이 반드시 일치하지는 않는다. 그렇기 때문에 재고자산에 포함여부를 결정하는 기준에 대하여 정확한 이해가 필요하다.

구분		내용
미 착 상 품	선적지인도조건	선적시점에 인도되는 것으로 보기 때문에 운송중인 재고자산은 매입자의 재고자산에 포함한다.
	도착지인도조건	도착시점에 인도되는 것으로 보기 때문에 운송중인 재고자산은 매출자의 재고자산에 포함한다.
할 부 판 매	판 매 기 준	판매시점에 인도되는 것으로 보기 때문에 이미 인도된 재고자산은 매입자의 재고자산에 포함한다.
	회수기일도래기준	판매시점에 구매자의 재고자산으로 보고 매출자는 판매시점에 현재가치로 수익을 인식하고, 외상매출금에대해서는 현재가치할인차금계정을 설정하여 기간의 경과에 따라 유효이자율법을 이용하여 이자수익을 인식한다.
적 송 품		위탁판매을 의뢰한 적송품은 수탁자가 제 3자에게 판매하기전 까지는 위탁자의 재고자산에 포함한다.
시 송 품		매입자가 매입의사결정을 한 시점을 재고자산의 인도시점으로보며 의사결정 전에는 매출자의 재고자산에 포함한다.
담보제공상품		담보제공은 저당권이 실행될 경우 재고자산에서 제외하며 저당권이 실행되기 전에는 재고자산에 포함한다.

5. 상품매매의 기장방법

1) 분기법(순수계정)

상품 매출시 원가와 이익을 분리하여 처리하는 방법이다.

상 품

기초상품원가	매 출 액 (원 가)
총매입액(원가) (제비용포함)	
	매입환출액 매입에누리액
매출환입액(원가)	기말상품원가

상품매출이익

| 매출환입액(이익) 매출에누리액 | |
| | 발 생 액 (매출액–원가) |

구분	차 변	대 변
상 품 매 입	상 품 ×××	외 상 매 입 금 ×××
매 입 환 출	외 상 매 입 금 ×××	상 품 ×××
매 입 에 누 리	외 상 매 입 금 ×××	상 품 ×××
상 품 매 출	외 상 매 출 금 ×××	상 품 ××× 상 품 매 출 이 익 ×××
매 출 환 입	상 품 ××× 상 품 매 출 이 익 ×××	외 상 매 출 금 ×××
매 출 에 누 리	상 품 매 출 이 익 ×××	외 상 매 출 금 ×××

2) 총기법(혼합계정)

상품 매출시 매가(원가+이익)로 기입하는 방법으로 상품매출이익은 기말 결산시 별도로 계산한다.

상 품

기초상품원가	매 출 액 (매 가)
총매입액(원가) (제비용포함)	
매출환입액(매가) 매출에누리액	매입환출액 매입에누리액
상품매출이익	기말상품원가

상품매출이익

발 생 액

구 분	차 변		대 변	
상 품 매 입	상 품	×××	외 상 매 입 금	×××
매 입 환 출	외 상 매 입 금	×××	상 품	×××
매 입 에 누 리	외 상 매 입 금	×××	상 품	×××
상 품 매 출	외 상 매 출 금	×××	상 품	×××
매 출 환 입	상 품	×××	외 상 매 출 금	×××
매 출 에 누 리	상 품	×××	외 상 매 출 금	×××

• 총기법의 상품매출이익 처리 방법

구분	차 변		대 변	
정 리 분 개 법 (= 간 접 대 체 법)	상 품	×××	상 품 매 출 이 익	×××
	상 품 매 출 이 익	×××	손 익	×××
직 접 법	상 품	×××	손 익	×××

• 상품매매에 관한 등식

> • 순매출액 = 총매출액 − (환입 및 매출에누리액 + 매출할인)
> • 순매입액 = 총매입액(매입제비용 포함) − (환출 및 매입에누리액 + 매입할인)
> • 매출원가 = 기초상품재고액 + 당기순매입액 − 기말상품재고액
> • 상품매출이익 = 순매출액 − 매출원가

3) 상품계정의 분할(3분법)

단일 상품계정을 이월상품, 매입, 매출계정으로 분할하여 처리하는 방법이다.

이월상품

기초상품 원 가	
	기말상품 원 가

매 입

총매입액 (매입제비용 포함)	환출, 매입에누리
	(순매입액)

매 출

환입, 매출에누리	총매출액
(순매출액)	

구분	차 변		대 변	
상 품 의 외 상 매 입	매 입	×××	외 상 매 입 금	×××
매 입 환 출 및 에 누 리	외 상 매 입 금	×××	매 입	×××
상 품 의 외 상 매 출	외 상 매 출 금	×××	매 출	×××
매 출 환 입 및 에 누 리	매 출	×××	외 상 매 출 금	×××

4) 3분법에 의한 상품매매손익의 계산

이월상품

기초상품 원 가	❶매 입 (기초대체액)
❷매 입 (기말대체액)	기말상품 원 가

매 입

총매입액 (매입제비용 포함)	환출,매입에누리, 매입할인
	❷이월상품(기말)
❶이월상품(기초)	❸매출원가 (손익계정으로대체)

매 출

환입,매출에누리, 매출할인	총매출액
❹순매출액 (손익계정으로대체)	

손 익

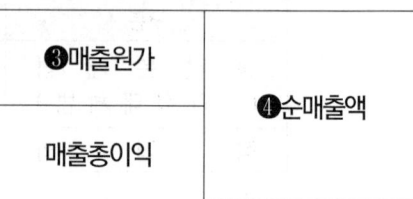

매출총이익

- (상품매매손익산출 – 대체분개)

No	구분	차 변		대 변	
❶	기 초 상 품 재 고 액	매 입	×××	이 월 상 품	×××
❷	기 말 상 품 재 고 액	이 월 상 품	×××	매 입	×××
❸	매 출 원 가	손 익	×××	매 입	×××
❹	순 매 출 액	매 출	×××	손 익	×××

연습문제

01 다음 거래를 분기법과 총기법으로 각각 분개하고, 계정에 기입 마감하시오.

(1) 유지인트에서 상품 ₩280,000을 외상매입하고, 인수운임 ₩5,000을 현금 지급하다.
(2) 위 상품 중 불량품 ₩35,000을 반품하다.
(3) 도청건설에 상품 ₩380,000(원가 ₩300,000)을 외상매출하다.
(4) 위 상품 중 불량품 ₩20,000(원가 ₩15,000)이 반품되어 오다.

[분기법]

No	차 변 과 목	금 액	대 변 과 목	금 액
(1)				
(2)				
(3)				
(4)				

상　　　　품	상품매출이익
전기이월 243,000	

[총기법]

No	차 변 과 목	금 액	대 변 과 목	금 액
(1)				
(2)				
(3)				
(4)				

상　　　품	상품매출이익
전기이월 243,000	

02 다음 연속된 거래를 총기법에 의하여 분개하고, 각 계정에 기입하여 마감 하시오.

5/ 7 태희상점에서 상품 ₩450,000을 매입하고, 대금중 ₩150,000은 현금으로 지급하고 잔액은 외상으로 하다.

13 태희상점에서 매입한 상품중 불량품 ₩20,000을 반품하다.

18 세경상점에 상품 ₩575,000을 외상매출하고, 운임 ₩20,000은 운송점에 월말에 지급하기로 하다.

24 세경상점에 매출한 상품 중 파손품이 있어 ₩60,000을 에누리 해 주다.

27 카라상점에 상품 ₩280,000을 매출하고 대금 중 반액 당점발행의 수표로 받고, 잔액은 동점발행의 수표로 받다.

31 기말상품재고원가 ₩216,000

일자	차 변 과 목	금 액	대 변 과 목	금 액
5/ 7				
13				
18				
24				
27				
31				
31				

```
         상         품                    상품매출이익
5/1 전기이월 325,000 |                              |
                    |                              |
                    |                              |
                    |                              |
                    |                    손          익
                    |                              |
                    |                              |
```

03 다음 거래를 분개하시오. 단, 상품거래는 3분법에 의함.

(1) 민지상점에서 상품 ₩174,000을 외상 매입하다.
(2) 위 상품 중 불량품 ₩25,000을 반품하다.
(3) 동관상점에 상품 ₩250,000을 외상매출하다.
(4) 위 상품 중 불량품 ₩50,000을 반품받다.

No	차 변 과 목	금 액	대 변 과 목	금 액
(1)				
(2)				
(3)				
(4)				

04 다음 상품매매에 관한 자료에 의하여 상품 3계정에 기입면을 표시하고, 3계정을 마감하시오. 단 상품매매는 모두 외상거래인 것으로 가정한다.

기초상품재고액 ₩145,000 기말상품재고액 ₩190,000 총 매 입 액 ₩520,000
환 출 액 27,000 매 입 에 누 리 31,000 총 매 출 액 850,000
매 출 에 누 리 7,000 환 입 액 15,000

[대체분개]

No	차 변 과 목	금 액	대 변 과 목	금 액
(1)				
(2)				
(3)				
(4)				

이 월 상 품　　　　　　　매　　　입

매　　　출　　　　　　　손　　　익

05 다음은 매출총손익의 계산과 관련된 항목들이다.
이들 상호간의 금액을 고려하여 적절한 금액을 산출하시오.

	기초상품	총매입액	매입 제비용	환 출	기말상품	총매출액	환 입	매출원가	매출 총손익
A사	43,000	270,000	5,000	12,000	28,000	350,000	3,000	①	②
B사	65,000	③	4,000	2,000	30,000	④	1,000	240,000	52,000
C사	⑤	425,000	2,000	1,700	42,000	410,000	2,400	⑥	-56,500
D사	67,200	240,000	⑦	5,000	46,000	270,300	4,700	275,000	⑧
E사	86,000	572,000	10,000	2,400	⑨	⑩	4,200	460,000	72,000

05 >>> 재고자산에 관한 보조부

1. 매입장

상품을 매입한 때의 날짜, 매입처이름, 대금의 지급조건, 품명, 수량, 단가, 금액 등 매입에 관한 사항을 날짜순으로 상세하게 기입하는 매입계정에 대한 보조기입장이다.

매 입 장

월	일	적 요			금 액
4	1	(어울림상점)　　　　　　　　　　외상			
		갑상품　　　　300개　　　@₩2,000		600,000	
		인수운임 현금지급		20,000	620,000
	31	총　　매　　입　　액			2,000,000
	31	△환출매입에누리 및 할인액			△150,000
	31	순　　매　　입　　액			1,850,000

2. 매출장

상품을 매출한 때의 날짜, 매출처이름, 대금의 수취방법, 품명, 수량, 단가, 금액 등 매출에 관한 사항을 날짜순으로 상세하게 기입하는 매출계정에 대한 보조기입장이다.

매 출 장

월	일	적 요			금 액
4	1	(솔로몬상점)　　　　　　　　　　외상			
		갑상품　　　　200개　　　@₩4,000		800,000	
		을상품　　　　100개　　　@₩1,500		150,000	950,000
	31	총　　매　　출　　액			3,500,000
	31	△환입매출에누리 및 할인액			△350,000
	31	순　　매　　출　　액			3,150,000

3. 상품재고장

상품의 매입(인수)과 매출(인도)을 종류별로 기록하여 현재 창고에 보관 중인 상품에 대한 재고의 수량과 금액을 장부상으로 확인할 수 있도록 기입하는 보조원장이다.

상 품 재 고 장

품명 : 갑상품 (단위 : 개)

월 일	적 요	인 수			인 도			잔 액		
		수량	단가	금액	수량	단가	금액	수량	단가	금액

- 기초상품재고액은 인수란에 전월이월로 기입
- 매입상품은 인수란에 기입(인수운임이 있는 경우는 단가를 수정)
- 매입환출, 매입에누리, 매입할인은 인수란에 적색(또는△)으로 기입
- 매출상품은 인도란에 기입(반드시 원가로 기입)
- 매출환입은 인도란에 적색(또는△)으로 기입
- 매출에누리, 매출할인, 매출운임은 원가와 무관하므로 상품재고장 생략
- 잔액란에는 매입 또는 매출후의 잔액을 기입

※ 상품재고장 작성방법

① 선입선출법(FIFO) : 먼저 매입한 상품을 먼저 매출하는 형식으로 기입하며 가장 최근의 시가로 기말재고액이 산출되며, 매입순법이라고도 한다.

② 후입선출법(LIFO) : 나중에 매입한 상품을 먼저 매출하는 형식으로 기입하며 가장 최근의 시가로 매출원가가 산출되며, 매입역법이라고도 한다.

③ 이동평균법(MAM) : 단가가 다른 상품을 매입할 때마다 평균단가를 산출하는 형식으로 기입하며, 매출원가를 구하는 방법은 다음의 공식에 의한다.
→ 계속기록법에 사용

> (재고금액 + 매입금액) ÷ (잔액란 수량 + 매입수량) = 평균단가

④ 총평균법(TAM) : 일정기간 동안의 상품원가(단가)를 총평균하여, 매출원가와 기말상품원가로 산출하는 형식으로 기입하며, 매출원가를 구하는 방법은 다음의 공식에 의한다.

> (기초상품원가 + 매입금액) ÷ (기초상품수량 + 매입수량) = 총평균단가

→ 실지재고사법에 사용

4. 기말 재고자산의 평가

기말재고자산의 단가와 수량에 의하여 기말재고액이 결정되고 그 결정금액에 따라서 매출원가가 달라지게 된다. 그렇기 때문에 재고자산의 단가와 수량을 결정짓는 것은 중요한 문제이다. 왜냐하면 매출원가에 의하여 당기순이익이 달라지기 때문이다.

1) 기말재고자산의 수량결정 방법

① 계속기록법

상품의 매입과 매출시마다 수량, 단가, 금액을 장부상에 기록하여 장부에 남아 있는 재고자산의 수량을 기말재고수량으로 결정하는 방법을 말한다.

> 기초재고수량 + 당기매입수량 − 당기매출수량 = 기말장부상재고수량

② 실지재고조사법

상품의 매입시에는 수량, 단가, 금액을 장부상에 기록하지만, 매출시에는 기록하지 않고 기말에 실제로 재고자산의 수량을 직접 확인하여 기말재고수량을 결정하는 방법을 말한다.

> 기초재고수량 + 당기매입수량 − 기말실지재고수량 = 당기매출수량

③ 혼합법

계속기록법과 실지재고조사법을 병행하는 방법으로 장부상의 기말재고액과 창고의 실제 기말재고액을 파악, 비교하여 파손, 도난, 분실, 증발등으로 인한 기말재고수량의 차이(재고자산감모손실)를 쉽게 파악할 수 있다.

2) 재고자산의 단가 결정방법

동일종류의 재고자산이라도 매입시점에 따라서 매입단가가 다른 경우 매출순서를 어떻게 하느냐에 따라 매출원가가 달라진다. 이렇게 매출순서를 가정하는 것이 원가흐름의 가정이다. 일반기업회계기준에서는 개별법, 선입선출법, 후입선출법, 이동평균법, 총평균법을 인정하고 있으며, 예외적으로 유통업의 경우에는 매출가격환원법(소매재고법)을 적용할수 있다.

① 실제 물량흐름에 따른 단가결정방법
　·개별법 : 재고자산에 가격표 등을 붙여 상품개별로 매입가격을 알 수 있
　　　　　도록 하여 매입가격별로 매출분과 기말재고분을 구별하여 매출
　　　　　원가와 기말재고액으로 구분하는 방법이다. 원가의 흐름과 실제
　　　　　물량의 흐름이 동일하기 때문에 <u>수익과 비용의 대응이 가장 정확
　　　　　하게 적용되는 방법</u>이다. 그러나, 재고수량이나 품목이 많은 경우
　　　　　적용하기가 어려운 방법이다.

② 원가흐름의 가정에 따른 단가결정방법
　선입선출법, 후입선출법, 이동평균법, 총평균법

③ 원가흐름의 가정에 따른 단가결정방법
　소매재고법이라고도 하며 실제원가가 아닌 추정에 의한 원가결정방법으로
　많은 종류의 상품을 취급하여 실제원가를 적용하여 원가를 적용하기 어려
　운 백화점이나 유통업종등에서만 적용하는방법

5. 재고자산 단가결정방법의 효과비교

물가가 지속적으로 상승(=인플레이션)하고 전기와 당기의 재고자산의 수량이 일정
하게 유지된다는 가정에서는 다음과 같이 금액들의 크기가 계산된다. 만약 물가가
지속적으로 하락(=디플레이션)한다는 가정이라면 등호를 반대로 돌리면된다.

구분		내　용
인플레이션	기 말 재 고 액	선입선출법 〉 이동평균법 〉 총평균법 〉 후입선출법
	매 출 원 가	선입선출법 〈 이동평균법 〈 총평균법 〈 후입선출법
	당 기 순 이 익	선입선출법 〉 이동평균법 〉 총평균법 〉 후입선출법
디플레이션	기 말 재 고 액	선입선출법 〈 이동평균법 〈 총평균법 〈 후입선출법
	매 출 원 가	선입선출법 〉 이동평균법 〉 총평균법 〉 후입선출법
	당 기 순 이 익	선입선출법 〈 이동평균법 〈 총평균법 〈 후입선출법

6. 재고자산 단가결정방법의 장단점

구분	장 점	단 점
개 별 법	· 실제물량흐름과 일치한다. · 이론적으로 가장 이상적인 방법이다. · <u>수익·비용대응의 원칙에 충실한</u> 방법이다.	· 거래가 빈번한 경우 적용하기 곤란하다. · 이익조작가능성이 있다.
선 입 선 출 법	· 실제물량흐름과 일치한다. · 기말재고자산가액이 현행가치로 보고된다. → 재무상태표에 충실한 방법	· 물가상승시 기말재고자산의 과대평가로 이익이 과대계상된다. · 수익·비용대응의 원칙에 충실하지 못하다(현행판매가격에 과거원가가 대응된다.)
후 입 선 출 법	· 물가상승시에 기말재고자산의 과소평가로 이익이 과소계상됨으로써 법인세 이연효과가 있다. · 수익·비용대응의 원칙에 충실한 방법이다(현행판매가격에 현행원가가 대응된다). → 손익계산서에 충실한 방법	· 실제물량흐름과 일치하지 않는다. · 기말재고액이 과거 원가로 보고되기 때문에 과소평가된다. · LIFO 청산문제가 발생할 수 있다.
이 동 평 균 법	· 물가변동을 단가에 신속하게 반영한다.	· 거래가 빈번한 경우 계산이 복잡하다. · <u>계속기록법에서만 사용이 가능함.</u>
총 평 균 법	· 계산이 간편하다. · 이익조작가능성이 없다.	· 총평균단가계산은 기말에만 가능하다. · <u>실지재고조사법에서만 사용이 가능함.</u>
일반기업회계기준에서 인정하지 않는 방법	① 매출총이익률법, ② 기준재고법, ③ 최종매입원가법 등	

7. 재고자산감모손실과 재고자산평가손실

재고자산의 기말재고액은 순실현가능가액으로 재무상태표상에 보고되어야 한다. 하지만 장부상의 재고수량과 실제재고수량이 차이(=재고자산감모손실)가 발생하거나 장부상의 금액인 취득원가보다 시가가 하락하는 경우(=재고자산평가손실)에는 정확한 기말재고액을 계산하기 위한 절차가 필요하다.

1) 재고자산감모손실

기말재고자산의 장부상수량과 실제수량은 도난, 파손, 분실, 증발등의 이유로 일치하지 않는 경우가 발생하는데 이것을 재고자산감모손실이라 한다. 재고자산감모손실은 정상적인 원인으로 발생하는 정상적 감모손실과 도난, 분실등의 비정상적인 원인으로 발생하는 비정상적 감모손실로 나눌수가 있다. **정상적인 감모손실은 매출원가에 포함하고 비정상적인 감모손실은 영업외비용**으로 처리한다.

구분	내 용
재고자산감모손실	(장부수량 - 실제수량) × 단위당 취득원가
정상적감모손실	매출원가에 포함 : 매 출 원 가 xxx / 재고자산 xxx
비정상적감모손실	영업외비용 처리 : 재고자산감모손실 xxx / 재고자산 xxx

2) 재고자산평가손실

기말재고자산은 순실현가능가치를 재무상태표가액으로 표시하여야한다. 그러므로 재고자산의 시가(순실현가능가치)가 취득원가보다 하락하는 경우에는 저가법을 적용 할 수도 있다. 저가법은 회계관습중의 하나인 보수주의에 의한 회계처리 방법이다. 즉, 취득원가보다 순실현가능가액(원재료인 경우 현행대체원가)이 하락하는 경우 재고자산평가손실계정으로 처리하여 매출원가에 가산하고 재고자산평가충당금을 설정하여 재고자산의 차감적 평가계정으로 처리한다.

구분	내 용		
재고자산평가손실	실제수량 × (단위당 원가 - 순실현가능가액) 원재료인 경우 현행대체원가		
·순실현가능가액 : 상품, 제품, 재공품에 적용하며 추정판매가격에서 판매시까지 발생 하는 추정비용을 차감한 가액을 말한다. ·현행대체원가 : 원재료에 적용하며 현재 시점에서 매입하는데 소요되는 금액을 말한 다. 단, 원재료를 투입하여 완성할 제품의 시가가 원가보다 높은 경우에는 저가법을 적용하지 않는다.			
회계 처리	평가손실의 인식	재고자산평가손실(매출원가) xxx / 재고자산평가충당금 xxx	
	평가손실의 회복	재고자산평가충당금 xxx / 재고자산평가충당금환입(매출원가차감) xxx	

만약 재고자산평가손실 처리이후 시가가 장부가액보다 상승한 경우에는 최초의 장부가액을 초과하지 않는 범위내에서 평가손실을 환입 처리한다. 재고자산평가손실의 환입액은 매출원가에서 차감한다.

연습문제

01 **다음 자료에 의하여 매입장에 기입하고 월말로 마감하시오.**

6월 1일 대성상점에서 다음 상품을 외상으로 매입하고, 운임 ₩2,000을 현금지급하다.
라면 50상자 @₩4,000 ₩200,000

3일 신일상점에서 다음의 상품을 매입하고 대금 중 1/2은 수표를 발행하여 지급하고 잔액은 외상으로 하다.
빵 40상자 @₩3,000 ₩120,000

19일 신일상점에서 매입한 빵 5상자를 반품하다.

25일 한밭상점에서 상품을 매입하고, 대금 중 반액은 약속어음을 발행하여 지급하고 잔액은 현금으로 지급하다.
사탕 50상자 @₩2,500 ₩125,000
국수 80상자 @₩3,000 ₩240,000

28일 한밭상점에서 매입한 사탕중 불량품이 있어 ₩5,000을 에누리 받다.

매 입 장

월 일	적 요		금 액

02 다음 거래에 의하여 매출장에 기입하고 월말로 마감하시오.

5월 5일 성진상점에 다음과 같이 매출하고 대금은 현금으로 받다.
갑상품 100개 @₩250

8일 화종상점에 다음과 같이 외상으로 매출하고, 운임 ₩5,000을 별도로 현금으로 지급하다.
갑상품 160개 @₩250

16일 화종상점의 요청에 의해 5개의 값을 에누리하여 주다.

24일 한밭상점에 다음과 같이 매출하고, 대금 중 ₩50,000은 동점발행의 수표로 받고 잔액은 외상으로 하다.
갑상품 240개 @₩300 을상품 50개 @₩400

29일 한밭상점에 매출한 상품 중 불량품이 있어 다음과 같이 반품되다.
을상품 10개 @₩400

매 출 장

월	일	적 요		금 액

03 다음 자료에 의하여 A상품재고장에 선입선출법으로 기입 마감하시오.

3/ 4 매　　입　　A상품 100개 @₩135 ₩13,500 운임 ₩500지급

3/ 5 매　　입　　B상품 200개 @₩100 ₩20,000

3/ 8 매입에누리　　A상품 ₩3,000

3/16 매　　출　　A상품 80개 @₩220 ₩17,600 운임 ₩1,400지급

3/23 매　　출　　A상품 15개 @₩230 ₩3,450

3/24 환　　입　　A상품 5개(23일분)

상 품 재 고 장

선입선출법　　　　　　　　　　품명 : A상품　　　　　　　　(단위 : 개)

월 일	적 요	인 수			인 도			잔 액		
		수량	단가	금액	수량	단가	금액	수량	단가	금액

04 다음 거래를 선입선출법에 의하여 갑상품재고장에 기입하고 마감하시오.

10/ 3 갑상품   200개 @₩220을 현금매입하다.

10/ 5 갑상품   300개 @₩300에 어음을 받고 매출하다.

10/11 갑상품   20개 환입되다.

10/21 갑상품   100개 @₩250을 외상매입하다.

10/24 갑상품   15개 환출하다.

10/28 갑상품   150개 @₩300에 현금 받고 매출하다.

10/29 28일   매출한 상품에 대해 ₩4,000을 에누리해주다.

상 품 재 고 장

선입선출법   품명 : 갑상품   (단위 : 개)

월 일		적 요	인 수			인 도			잔 액		
			수량	단가	금액	수량	단가	금액	수량	단가	금액
10	1	전월이월	200	200	40,000						

05 다음 연필에 관한 자료를 보고, 후입선출법에 의하여 상품재고장에 기입하여 마감하고, 물음에 답하시오.

7/ 3 북대구상점에서 연필 40개 @₩600 ₩24,000을 외상매입하고, 반입운임 ₩2,000을 현금지급하다.

7/ 5 서대구상점에서 연필 40개 @₩800 ₩32,000에 현금을 받고 매출하다.

7/ 8 서울상점에서 연필 20개 @₩660 ₩13,200을 현금매입하다.

7/11 서울상점에서 매입한 연필중 품질불량으로 5개를 반품하다.

7/17 강남상점에 연필 25개 @₩800 ₩16,000을 매출하고 동점발행의 약속어음을 받다.

7/19 강남상점에 매출한 연필 2개가 반품되다.

상 품 재 고 장

후입선출법   품명 : 연필   (단위 : 개)

월	일	적 요	인 수			인 도			잔 액		
			수량	단가	금액	수량	단가	금액	수량	단가	금액
7	1	전월이월	20	550	11,000						

06 다음 거래를 A상품의 상품재고장에 이동평균법으로 기입하고, 물음에 답하시오.

5/ 1 전월이월 20개 @₩500 ₩10,000

5/ 5 매 입 50개 @₩710 ₩35,500

5/ 7 환 출 10개

5/ 9 매 출 40개 @₩720 ₩28,800

5/10 환 입 5개

5/28 매 입 5개 @₩760 ₩ 3,800

상 품 재 고 장

이동평균법   품명 : A상품   (단위 : 개)

월일	적요	인 수			인 도			잔 액		
		수량	단가	금액	수량	단가	금액	수량	단가	금액

1. 외상매출금과 외상매입금

1) 통제계정

거래처 수가 많을 경우에는 외상매입의 채무는 외상매입금, 상품 외상매출의 채권은 외상매출금 계정으로 일괄하여 처리하는 방법이다. 이때는 보조원장 (매입처원장 및 매출처원장)을 만들어 각 거래처별로 명세를 기록하여야 한다.

2) 인명계정

외상채권, 채무를 기장 관리할 때 외상매출금 계정과 외상매입금 계정을 사용하지 않고, 각 거래처의 상점명을 사용하여 외상채권, 채무의 내용을 각 거래처별로 관리하는 것을 인명계정이라 한다.

[통제계정과 인명계정의 차이]

구분	통 제 계 정		인 명 계 정	
	차 변	대 변	차 변	대 변
외상매입시	매 입 250,000	외상매입금 250,000	매 입 250,000	영남상점 250,000
외상매출시	외상매출금 300,000	매 출 300,000	제주상점 300,000	매 출 300,000

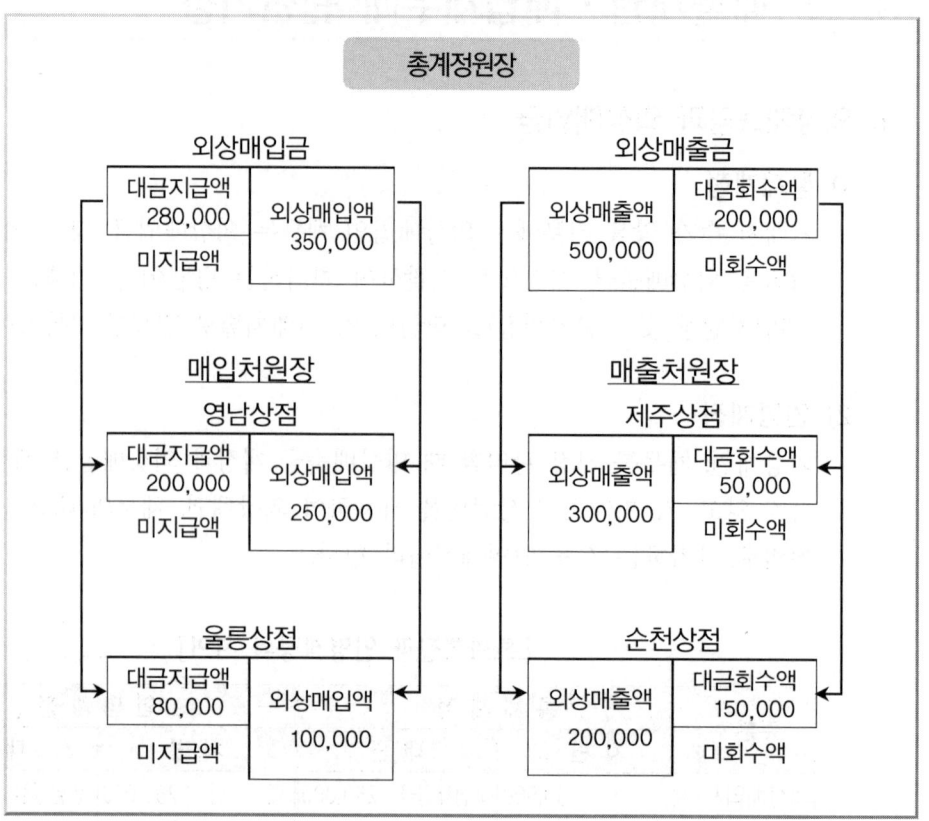

[통제계정과 보조원장과의 관계]

총계정원장

외상매입금

| 대금지급액 280,000 | 외상매입액 350,000 |
| 미지급액 | |

외상매출금

| 외상매출액 500,000 | 대금회수액 200,000 |
| | 미회수액 |

매입처원장
영남상점

| 대금지급액 200,000 | 외상매입액 250,000 |
| 미지급액 | |

매출처원장
제주상점

| 외상매출액 300,000 | 대금회수액 50,000 |
| | 미회수액 |

울릉상점

| 대금지급액 80,000 | 외상매입액 100,000 |
| 미지급액 | |

순천상점

| 외상매출액 200,000 | 대금회수액 150,000 |
| | 미회수액 |

2. 어음의 발행 및 수취

1) 약속어음 : 발행인이 수취인에게 일정한 날짜에 일정한 금액을 일정한 장소에서 지급할 것을 약속한 어음이다. (거래당사자 -2인)

	거 래 내 용	차 변	대 변
갑 (발행인)	상품을 매입하고, 약속어음발행	매 입 800	지 급 어 음 800
	만기일에 어음대금을 현금지급	지 급 어 음 800	현 금 800
을 (수취인)	상품을 매출하고, 약속어음수취	받 을 어 음 500	매 출 500
	만기일에 어음대금을 현금추심	현 금 500	받 을 어 음 500

2) 환어음 : 발행인이 지급인에게 일정한 날짜에 일정한 금액을 일정한 장소에서 수취인에게 지급할 것을 위탁하는 어음 (거래당사자 – 3인)

3) 기타 어음 채권 채무

상품매매 및 외상대차 이외의 거래에서 발생하는 어음과 관련한 거래

구분	차 변	대 변
현금을 대여하고 차용증서 대신 약속어음을 수취한 경우	단기대여금 ×××	현　　금 ×××
현금을 차입하고 차용증서 대신 약속어음을 발행한 경우	현　　금 ×××	단기차입금 ×××
상품이외의 물품을 처분하고 약속어음을 수취한 경우	미 수 금 ×××	건　　물 ×××
상품이외의 물품을 구입하고 약속어음을 발행한 경우	건　　물 ×××	미 지 급 금 ×××

3. 어음의 배서

1) 추심위임배서

거래처로부터 받아 보유하고 있던 어음의 만기일이 도래하여 거래 은행에 어음대금 회수를 위임하기 위하여 양도 해주는 것을 말한다.

> **EX1)** (주)기락산업으로 부터 받아두었던 약속어음 1,000,000원을 거래은행인 신한은행에 추심의뢰하고 추심수수료 20,000원은 현금으로 지급하다.
>
> | 차변) 지급수수료　20,000 | 대변) 현　　금　20,000 |
> |---|---|

> **EX2)** 신한은행에 추심의뢰한 (주)기락산업의 약속어음이 만기일에 추심완료 되어 당점의 당좌예금계좌에 입금되었다는 통지를 받다.
>
> | 차변) 당좌예금　1,000,000 | 대변) 받을 어음　1,000,000 |
> |---|---|

2) 대금 결제를 위한 배서양도

거래처로부터 상품을 매입하거나 외상매입금을 지급하기 위하여 소유하고 있던 타인발행어음의 소유권을 이전 하여 주는 것을 말한다.

> **EX1)** (주)수영에서 상품 700,000원을 매입하고 대금은 (주)정수상회로부터 받은 약속어음을 배서양도 하다.
>
> | 차변) 매 입 700,000 | 대변) 받을 어음 700,000 |
> |---|---|

> **EX2)** 위 상품매입 거래에서 (주)수영에 배서양도한 (주)정수상회의 약속어음이 만기일에 결제되었다는 통지를 받다.
>
> 분 개 없 음

3) 어음의 할인

기업의 자금확보를 위하여 소유하고 있는 어음을 만기일이전에 거래은행에서 어음대금을 할인료(이자)를 차감한 실수금를 융통하는 것을 말한다. 할인료의 계산은 할인일에서 만기일까지의 이자를 계산하며 아래와 같은 산식으로 계산할수 있다.

$$※ \ 할인료 = 어음의 \ 액면금액 × 연이율 × \frac{할인일수}{365}$$

① 매각거래 처리시

매각거래는 어음을 할인하기 위하여 거래은행에 어음을 배서하면서 어음의 소유권을 이전해주는 것으로 회계처리하는 방법이다.

> **EX1)** 소유하고 있던 거래처 발행의 약속어음 3,000,000원을 거래은행에서 할인하고 할인료 100,000원을 제외한 실수금은 당좌예금계좌에 입금하다. (매각거래)
>
> | 차변) 당 좌 예 금 2,900,000 | 대변) 받을 어음 3,000,000 |
> |---|---|
> | 매출채권 처분손실 100,000 | |

> **EX2)** 거래은행에 할인하였던 약속어음이 만기일에 결제되었다는 통지를 받다.
>
> 분 개 없 음

② 차입거래 처리시

차입거래는 어음을 할인하기 위하여 거래은행에 어음을 배서하면서 어음의 소유권은 이전하지 않고 어음을 담보로 현금을 차입하는 것으로 회계처리하는 방법이다.

EX1) 소유하고 있던 거래처 발행의 약속어음 3,000,000원을 거래은행에서 할인하고 할인료 100,000원을 제외한 실수금은 당좌예금계좌에 입금하다. (차입거래)

| 차변) 당 좌 예 금 2,900,000 | 대변) 단기차입금 3,000,000 |
| 이 자 비 용   100,000 | |

EX2) 거래은행에 할인하였던 약속어음이 만기일에 결제되었다는 통지를 받다.

| 차변) 단기차입금 3,000,000 | 대변) 받 을 어 음 3,000,000 |

---

4. 어음의 개서

만기가 도래한 어음 대금 지급을 지급인의 자금사정으로 인하여 지급이 불가능하여 어음소지인과의 협의에 의하여 지급기일을 연기하고 새로운 어음을 구어음과 교환하게 되는 것을 말한다.

EX) (주)영수가 현대상사에 상품대금으로 발행한 약속어음 2,500,000원이 금일 만기가 되었으나 (주)영수의 자금 사정으로 인하여 현대상사에 지급 연기요청하고 승낙받았다. 그리고 연기에 따른 이자 50,000원을 가산한 새로운 어음을 개서하여 개서하여 주다.

구분	분 개	
(주)영수 〈발행인〉 입장	차변) 지급어음 2,500,000 이자비용 50,000	대변) 지급어음 2,550,000
현대상사 〈수취인〉 입장	차변) 받 을 어 음 2,550,000	대변) 받을어음 2,500,000 이자수익 50,000

5. 부도어음

만기일이 도래한 어음이 지급인의 지급거절로 인하여 어음대금회수가 되지 않은 것을 부도라고 하며, 부도어음에 대하여 지급거절증서비용이 추가적으로 지급되면 부도된 어음대금과 합하여 부도어음(자산)계정으로 처리한다.

EX1) 소유하고 있던 받을어음 500,000원이 만기가 도래하여 발행인에게 지급 제시를 하였으나 부도처리되어 발행인에게 상환 청구를 하다. 그리고 지급 거절증서의 작성비용등으로 30,000원을 현금으로 지급하다.

차변) 부 도 어 음 530,000	대변) 받 을 어 음 500,000
	현 금 30,000

EX2) 부도처리 하였던 위의 부도어음 금액과 만기일 이후의 법정이자 10,000원을 현금으로 받아 즉시 보통예금에 입금하다.

차변) 보 통 예 금 540,000	대변) 부 도 어 음 530,000
	이 자 수 익 10,000

EX3) 부도처리 하였던 예제1번의 부도어음이 거래처의 파산으로 회수불능 되다.

차변) 대손상각비 530,000	대변) 부 도 어 음 530,000

6. 어음에 관한 보조부

어음에 관한 보조부에는 어음상의 채권·채무의 발생과 소멸에 대한 내용을 상세하게 기록하는 보조기입장으로 받을어음기입장과, 지급어음기입장이 있다.

1) 받을어음기입장 : 받을어음에 관한 거래를 기록하는 장부이며, 보조기입장이다.

받 을 어 음 기 입 장

월일	적 요	금 액	어음 종류	어음 번호	지급인	발행인 또는 배서인	발행 일	만기 일	지급 장소	전 말	
										월일	적 요

2) 지급어음기입장 : 지급어음에 관한 거래를 기록하는 장부이며, 보조기입장이다.

지 급 어 음 기 입 장

월일	적 요	금 액	어음 종류	어음 번호	수취인	발행인	발행일	만기일	전 말	
									월일	적 요

연습문제

01 다음 거래를 통제계정과 인명계정으로 각각 분개하시오. 단, 상품에 관한거래는 3분법에 의할 것.

(1) 충남상점에서 상품 ₩500,000을 매입하고, 대금중 ₩200,000은 수표를 발행하여 지급하고, 잔액은 2개월 후에 지급하기로 하다.

(2) 문화상점에 상품 ₩270,000을 매출하고, 대금중 반액은 당점발행의 수표로 받고, 잔액은 외상으로 하다.

(3) 뉴대전상점에 외상매출한 상품중 불량품 ₩15,000이 반품되어 오다.

(4) 성광상점에서 외상매입한 상품에 대해 ₩12,000을 에누리받다.

(5) 정석상점에 대한 외상대금 ₩350,000을 현금으로 받아 즉시 당좌예입하다.

(6) 명석상점에 대한 외상매입금 ₩245,000을 현금으로 지급하다.

[통제계정]

No	차 변 과 목	금 액	대 변 과 목	금 액
(1)				
(2)				
(3)				
(4)				
(5)				
(6)				

[인명계정]

No	차 변 과 목	금 액	대 변 과 목	금 액
(1)				
(2)				
(3)				
(4)				
(5)				
(6)				

02 다음 거래를 분개하고, 각 계정에 전기하시오. 단, 상품거래는 3분법, 외상거래는 통제계정에 의한다.

(1) 혜정상점에서 상품 ₩350,000을 매입하고, 대금중 ₩100,000은 당좌수표를 발행하여 지급하고 잔액은 외상으로 하다.

(2) 삼일상점에 상품 ₩424,000을 외상매출하고, 운임 ₩3,000을 현금지급하다.

(3) 삼일상점에 대한 외상대금 ₩200,000을 현금으로 회수하다.

(4) 명진상점에서 상품 ₩250,000을 외상매입하고, 운임 ₩5,000을 현금지급하다.

(5) 명진상점에 대한 외상매입금중 ₩100,000을 수표를 발행하여 지급하다.

(6) 현대상점에 상품 ₩400,000을 매출하고, 대금 중 ₩100,000은 동점발행의 수표로 받아 즉시 당좌예입하고 잔액은 외상으로 하다.

No	차 변 과 목	금 액	대 변 과 목	금 액
(1)				
(2)				
(3)				
(4)				
(5)				
(6)				

[총 계 정 원 장]

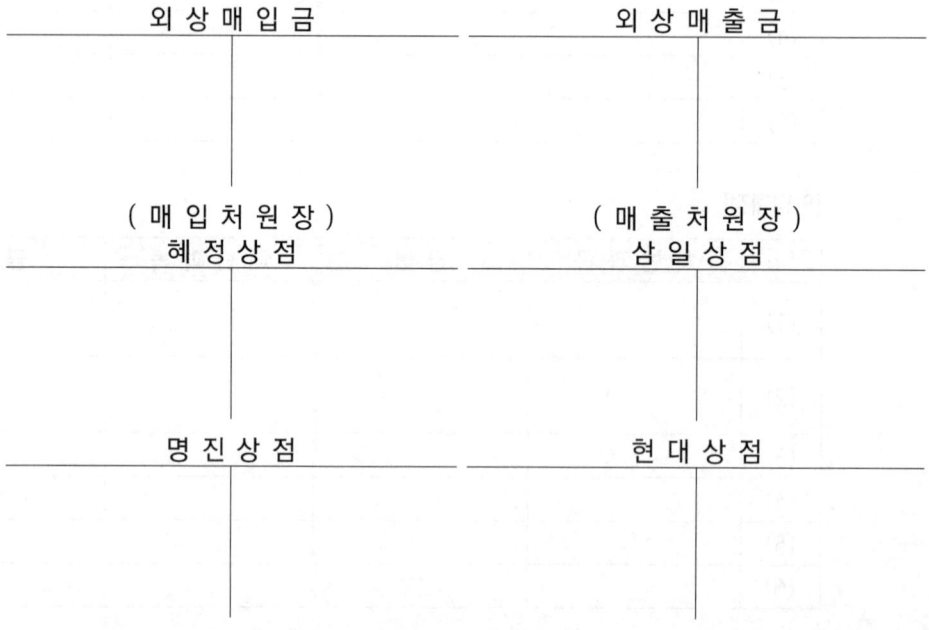

외 상 매 입 금   외 상 매 출 금

(매 입 처 원 장)   (매 출 처 원 장)
혜 정 상 점   삼 일 상 점

명 진 상 점   현 대 상 점

03 다음 거래를 상점별로 각각 분개하시오.

(1) 사랑상점은 소망상점에서 상품 ₩230,000을 매입하고 대금은 45일후 약속어음을 발행하여 지급하다.

(2) 위의 약속어음이 만기일이 되어 수표를 발행하여 지급하다.

No.	상점명	차 변 과 목	금 액	대 변 과 목	금 액
(1)	사랑상점				
	소망상점				
(2)	사랑상점				
	소망상점				

04 다음 거래를 분개하시오. 단, 외상거래는 통제계정에 의한다.

(1) 욱종상점에서 상품 ₩210,000을 매입하고 대금은 약속어음을 발행하여 지급하다.

(2) 호동상회에 대한 외상매입금 ₩230,000을 약속어음을 발행하여 지급하다.

(3) 전일 재석상점에 발행해 준 약속어음 ₩345,000이 만기일이 되어 당좌수표를 발행하여 지급하다.

(4) 진석상점에 상품 ₩130,000을 매출하고 대금은 동점발행의 약속어음을 받다.

No	차 변 과 목	금 액	대 변 과 목	금 액
(1)				
(2)				
(3)				
(4)				

07 기타채권 · 채무에 관한기장

1. 단기대여금과 단기차입금

차용증서 또는 약속어음을 받고 금전을 빌려주거나, 차용증서를 발행하고 금전을 빌리는 경우 발생하는 채권 · 채무이다.

구분	차 변		대 변	
차용증서 또는 약속어음을 받고 현금을 단 기 대 여 시	단 기 대 여 금	500	현 금	500
단기대여금과 이자를 현금으로 회수시	현 금	520	단 기 대 여 금 이 자 수 익	500 20
차용증서 또는 약속어음을 발행 하고 현 금 을 단 기 차 입 시	현 금	800	단 기 차 입 금	800
단기차입금과 이자를 현금으로 상환시	단 기 차 입 금 이 자 비 용	800 50	현 금	850

2. 미수금과 미지급금

일반적인 상거래(상품매매)이외의 거래에 발생하는 채권 · 채무이다
ex) 토지, 건물, 비품 등을 외상 또는 어음으로 구입, 처분시

구분	차 변		대 변	
토지를 외상으로 구입시	토 지	×××	미 지 급 금	×××
비품을 외상으로 매각시	미 수 금	×××	비 품	×××

3. 선급금과 선수금

1) **선급금** : 상품을 매입하기로 주문하고, 계약금으로 미리 지급한 금액을 처리하는 자산계정이다.

2) **선수금** : 상품을 매출하기 전에, 계약금 또는 주문 대금등을 미리 받은 금액을 처리하는 부채계정이다.

구분	차 변		대 변	
상품등을 주문하고 계약금을 현금으로 지급	선 급 금	600	현 금	600
상품등이 도착하여 계약금을 차감 후 잔액은 외상	매 입	900	선 급 금 외 상 매 입 금	600 300
상품등을 주문받고 계약금을 현금으로 받음	현 금	400	선 수 금	400
상품등이 발송하고 계약금을 차감 후 잔액은 외상	선 수 금 외 상 매 출 금	400 500	매 출	900

4. 종업원단기대여금(주·임·종단기채권)과 예수금

1) 종업원단기대여금

종업원 급여 지급시 차감하는 조건으로 가불(선대)해준 경우에는 '단기대여금' 계정으로 처리하여도 된다.

2) 예수금

급여에서 원천징수한 근로소득세, 건강보험료, 국민연금, 고용보험료등을 일시적으로 보관하고 있는 금액을 처리하는 부채계정이다.

구분	차 변		대 변	
종업원에게 가불금을 지급	종업원단기대여금	200	현 금	200
급 여 지 급 (소득세등 원천징수)	급 여	900	종업원단기대여금 예 수 금 현 금	200 50 650
원천징수한 소득세 납부	예 수 금	50	현 금	50

5. 가지급금과 가수금

1) 가지급금 : 현금의 지출은 있었으나 처리할 계정과목 또는 금액이 확정되지 않은 경우 확정시까지 임시로 처리하는 가계정이다.

ex) 출장사원에게 여비를 개산(어림잡아서)지급한 경우

2) 가 수 금 : 현금의 수입은 있었으나 처리할 계정과목 또는 내용을 알 수 없는 경우 확정시까지 임시로 처리하는 가계정이다.

ex) 출장 사원으로부터 내용불명의 송금액을 받은 경우

구분		차 변		대 변	
종업원에게 출장비 개산지급		가 지 급 금	500	현 금	500
종업원이 귀사하여 여비정산	여비잔액반환	여 비 교 통 비 현 금	300 200	가 지 급 금	500
	여비부족액 지급	여 비 교 통 비	700	가 지 급 금 현 금	500 200
출장사원으로부터 내용불명의 송 금 액 수 입		현 금	800	가 수 금	800
가 수 금 내 용 이 판 명		가 수 금	800	선 수 금 외 상 매 출 금	300 500

6. 퇴직급여충당부채

충당부채는 <u>과거사건이나 거래의 결과에 의한 현재의무</u>로서, 지출의 시기 또는 금액이불확실 하지만 장차 <u>확실히 지출될 것으로 예상</u>하는 추정부채이다. 그 의무를 이행하는 데 소요되는 금액을 <u>신뢰성 있게 측정</u>할 수 있을 때 인식하게 된다. 그 종류로는 퇴직급여충당부채, 판매보증충당부채등이 여기에 속한다.

구분	차 변		대 변	
기말 결산시 퇴직급여 충 당 부 채 의 설 정	퇴 직 급 여	10,000	퇴직급여충당부채	10,000
퇴 직 급 여 지 급 시	퇴직급여충당부채	800	현 금	800

7. 유동성장기부채

유동성장기부채란 장기성채무가 시간의 경과로 인하여 재무상태보고일로부터 1년 이내에 상환기간이 도래되는 경우에 유동성장기부채로 대체하여야 한다.

구분	차 변		대 변	
현금 차입시(만기 3년)	현 금	300,000	장 기 차 입 금	300,000
재무상태일현재 만기1년이내 도 래 시	장 기 차 입 금	300,000	유동성장기부채	300,000

연 습 문 제

01 다음 거래를 분개하시오.

(1) 하행선상점에 현금 ₩770,000을 대여하고 차용증서를 받다.
(2) 엄청난상점에 대여한 ₩430,000과 이자 ₩20,000을 현금으로 받다.
(3) 어영상점에 차용증서를 발행해 주고 현금 ₩540,000을 차입하여 즉시 당좌예입하다.
(4) 배신자씨에게서 차입한 ₩450,000과 이자 ₩3,000을 당좌수표를 발행하여 상환하다.

No	차 변 과 목	금 액	대 변 과 목	금 액
(1)				
(2)				
(3)				
(4)				

02 다음 거래를 분개하시오.

(1) 비취상회에 비품 ₩76,000을 매각하고, 대금은 10일후에 받기로 하다.
(2) 전일 매각한 영업용 컴퓨터 외상대금 ₩360,000을 동점발행의 수표로 받다.
(3) 호박상회에서 장부와 필기구등 ₩53,000을 구입하고 대금은 외상으로 하다.
(4) 사무용책상 외상대금 ₩230,000을 당좌수표를 발행하여 지급하다.

No	차 변 과 목	금 액	대 변 과 목	금 액
(1)				
(2)				
(3)				
(4)				

03 다음 거래를 분개하시오.

(1) 기업은행에서 현금 ₩1,000,000을 3년후 상환조건으로 차입하다.
(2) 기업은행에서 차입한 장기차입금이 재무상태일 현재 만기가 1년 이내에 도래하여 유동부
채로 재분류하다.

No	차 변 과 목	금 액	대 변 과 목	금 액
(1)				
(2)				

04 다음 거래를 분개하시오.

(1) 병헌상점에 상품 ₩420,000을 주문하고, 계약금 ₩80,000을 현금으로 지급하다.
(2) 태희에서 상품 ₩640,000을 매입하고, 대금은 당좌수표를 발행하여 지급하다. 단, 계약금으로 지급한 ₩40,000이 있음.
(3) 동건에서 상품 ₩940,000의 주문을 받고, 계약금조로 ₩200,000을 동점발행의 수표로 받다.
(4) 소영상점에 상품 ₩570,000을 매출하고, 대금은 전일 당점이 발행한 당좌수표로 받다. 단, 계약금으로 받은 것이 ₩170,000이 있음.

No	차 변 과 목	금 액	대 변 과 목	금 액
(1)				
(2)				
(3)				
(4)				

05 다음 거래를 분개하시오.

(1) 종업원 구본경에게 급여에서 차감하기로 하고 현금 ₩280,000을 가불해주다.
(2) 구본경의 급여 ₩750,000중 위 가불금을 차감한 잔액을 수표 발행하여 지급하다.
(3) 이달분 종업원의 급여 ₩960,000중 가불금 ₩45,000과 소득세 ₩15,000 및 건강보험료 ₩40,000을 차감한 잔액을 현금으로 지급하다.
(4) 위의 소득세를 현금으로 납부하다.

No	차 변 과 목	금 액	대 변 과 목	금 액
(1)				
(2)				
(3)				
(4)				

06 다음 거래를 분개하시오.

(1) 사원 곽욱종에게 출장을 명하고 여비 개산액 ₩80,000을 현금으로 지급하다.
(2) 사원 곽욱종이 출장 갔다 돌아와서 잔금 ₩4,000을 현금으로 반환하다.
(3) 출장중인 사원 최익석이 내용불명의 전신환 ₩210,000을 송금해오다.
(4) 최익석이 돌아와서 위의 명세가 외상대금 회수액 ₩110,000과 상품계약금으로 받은 ₩100,000임이 밝혀지다.

No	차 변 과 목	금 액	대 변 과 목	금 액
(1)				
(2)				
(3)				
(4)				

07 다음 거래를 분개하시오.

(1) 화재로 인하여 건물(취득원가 ₩10,000,000, 동 감가상각누계액 ₩6,000,000)이 소실되어 그린화재보험에 보험금을 청구하였다.

(2) 위 (1)번의 보험금 청구에 대하여 ₩5,000,000의 지급 통지를 받다.

No	차 변 과 목	금 액	대 변 과 목	금 액
(1)				
(2)				

※ 일반기업회계기준에서는 재해손실과 보험금수익을 별개의 회계사건(즉 총액표시)

08 다음 거래를 분개하시오.

(1) 결산일 현재 전 임직원이 퇴직할 경우 지급해야할 퇴직급여는 ₩20,000,000이며, 기말 현재 퇴직급여충당부채의 잔액은 ₩12,000,000이 있다.

(2) 기말 결산시 퇴직급여충당부채 ₩2,000,000을 설정하다.

(3) 사원 손민균이 퇴사하게 되어 퇴직금 ₩400,000을 현금으로 지급하다. 퇴직급여충당부채 잔액은 ₩1,000,000이 있다.

(4) 사원 장재필이 퇴사하게 되어 퇴직금 ₩1,200,000을 현금으로 지급하다. 퇴직급여충당부채 잔액은 ₩1,000,000이 있다.

No	차 변 과 목	금 액	대 변 과 목	금 액
(1)				
(2)				
(3)				
(4)				

08 》 대손(貸損)에 관한기장

1. 대손의 의의와 대손상각비계정

기업의 수취채권이 채무자의 파산, 사망, 폐업, 지급능력 저하 등의 사유로 회수 불가 능하게 되는 경우가 있다. 이때 부실채권을 회수하지 못할 것으로 확정된 것을 <u>대손</u>이라 하고, 매출채권의 대손발생액은 <u>대손상각비</u>계정(판매비와관리비)으로 처리한다.

구분	차 변	대 변
채권이 회수불능된 경우	대 손 상 각 비 ×××	외 상 매 출 금 ×××

2. 결산시 대손의 예상과 대손충당금의 설정

결산시에 기말채권잔액에 대하여 그 회수가능성을 합리적이고 객관적인 기준에 따라 검토하고, 회수가 불가능한 채권을 예상하여 대손상각비 차변과 대손충당금계정(평가계정) 대변에 기입한다.

$$(\text{매출채권잔액} \times \text{대손예상율}) = \text{대손예상액(보충법)} - \text{대손충당금잔액} = \begin{matrix} (+)\text{추가설정} \\ (-)\text{환 입} \end{matrix}$$

☞ 보충법 : 당기 대손추산액에서 전기에 설정된 대손충당금의 잔액이 있는 경우 이를 당기 추산액에 보충하고 부족분은 대손상각비계정으로 추가설정하고, 대손충당금잔액이 많은 경우는 대손충당금환입계정으로 처리한다.

■ 기말결산시 매출채권잔액 ₩5,000,000에 대하여 1% 대손을 설정하다.

No	대손예상액	대손충당금잔액	차 변		대 변	
①	₩50,000	없 음	대손상각비	50,000	대손충당금	50,000
②	₩50,000	₩15,000	대손상각비	35,000	대손충당금	35,000
③	₩50,000	₩50,000	분 개 없 음			
④	₩50,000	₩52,000	대손충당금	2,000	대손충당금환입	2,000

[대손충당금의 재무상태표 표시방법]

재무상태표

자 산	금 액		부채·자본	금 액	
매출 채권	5,000,000				
대손충당금	△50,000	4,950,000			

3. 채권의 대손발생

채권이 실제 대손된 경우 대손충당금잔액이 있는 경우 이를 우선 상계정리하고 부족분은 당기비용(대손상각비)으로 처리한다.

■ 외상매출금 ₩150,000이 회수불능되다.

No	구분	차 변		대 변	
①	대손충당금잔액 없음	대 손 상 각 비	150,000	외 상 매 출 금	150,000
②	대손충당금잔액 ₩60,000	대 손 충 당 금 대 손 상 각 비	60,000 90,000	외 상 매 출 금	150,000
③	대손충당금잔액 ₩150,000	대 손 충 당 금	150,000	외 상 매 출 금	150,000
④	대손충당금잔액 ₩200,000	대 손 충 당 금	150,000	외 상 매 출 금	150,000

4. 대손처리한 채권의 회수

구분	차 변		대 변	
전기에 대손처리한 채권의 회수	현 금	50,000	대손충당금	50,000
당기에 대손처리한 채권의 회수	현 금	50,000	대손충당금 (대손상각비)	50,000

01

다음 각 경우의 거래를 분개하시오.

ex) 기말 결산시 외상매출금 잔액 ₩900,000에 대하여 2%의 대손을 예상하다.

(1) 대손충당금 잔액이 없는 경우
(2) 대손충당금 잔액이 ₩15,000이 있는 경우
(3) 대손충당금 잔액이 ₩25,000이 있는 경우
(4) 대손충당금 잔액이 ₩18,000이 있는 경우

No	차 변 과 목	금 액	대 변 과 목	금 액
(1)				
(2)				
(3)				
(4)				

02

다음 각 경우의 거래를 분개하시오. 외상거래는 통제계정에 의한다.

ex) 태자상점에 대한 외상매출금 ₩200,000이 동점의 파산으로 대손되다.

(1) 대손충당금 계정잔액이 ₩150,000이 있는 경우
(2) 대손충당금 계정잔액이 ₩250,000이 있는 경우
(3) 대손충당금 계정잔액이 없는 경우

No	차 변 과 목	금 액	대 변 과 목	금 액
(1)				
(2)				
(3)				

03 **다음 거래를 분개하시오.**

(1) 삼성상회에 대한 외상매출금 ₩550,000이 회수불능되어 동점에 매출했던 상품중 ₩150,000 을 회수하고 또한 현금 ₩100,000을 받고, 잔액은 대손처리하다. 단, 대손충당금계정 잔액은 ₩180,000이 있음.

(2) 경기상점에 대한 외상매출금 ₩470,000이 회수불능되다. 단, 대손충당금계정 잔액은 ₩200,000이 있음.

(3) 당기에 상기 (2)의 경기상점에 대손처리한 외상매출금 중 일부 ₩200,000을 현금으로 회수하다.

(4) 전기에 대손처리한 외상매출금 ₩380,000중 ₩150,000을 현금으로 회수하다.

(5) 전기에 대손처리한 외상매출금 중 ₩60,000을 전일 당점이 발행한 수표로 회수하다.

No	차 변 과 목	금 액	대 변 과 목	금 액
(1)				
(2)				
(3)				
(4)				
(5)				

1. 유형자산 (Tangible assets)의 의의

유형자산이란 기업이 장기간 영업활동에 사용할 목적으로 소유하는 물리적 실체가 있는 자산으로 토지, 건물, 비품, 차량운반구등을 말한다.

2. 유형자산의 분류

계 정 과 목	내 용
토 지	영업활동에 사용할 토지
건 물	영업활동에 사용할 점포, 사무실, 공장등
기 계 장 치	원재료를 이용해 제품을 생산하기 위해 구입된 기계
기 타 자 산	위 이외에 차량운반구, 비품, 공구 및 기구, 선박등이 있다.

3. 유형자산의 취득 및 처분

유형자산의 구입시 취득가액과 구입시 부대비용(취득세, 운반비, 설치비, 사용전수리비등)을 포함하여 취득원가를 산정하며, 유형자산을 처분하는 경우 장부가액과 처분가액과의 차이가 발생하는 경우 그 차액을 유형자산처분손익으로 처리한다.

No	구분	차 변		대 변	
①	유 형 자 산 의 취 득	건 물	100	현 금	100
②	유 형 자 산 의 처 분 (장부가액<처분가액)	현 금	120	건 물 유형자산처분이익	100 20
③	유 형 자 산 의 처 분 (장부가액>처분가액)	현 금 유형자산처분손실	30 70	건 물	100

☞ 유형자산의 처분시 제비용은 처분대가에서 차감하여 처분손익에 가감한다.

4. 유형자산의 감가상각

토지와 건설중인자산등을 제외한 건물, 비품, 차량운반구, 등의 유형자산은 사용하거나 진부화등으로 시일이 경과함에 따라 그 물리적·경제적가치가 점차적으로 감소되는데, 이와 같이 가치의 감소액을 <u>감가</u>라 하고, 기말 결산시 이를 감가상각비로 계산하여 비용처리하며, 유형자산의 장부가격을 감소시키는 절차를 <u>감가상각</u>이라 한다.

1) 감가상각의 3요소

① 취득원가 : 유형자산의 구입가격 +부대비용

② 내용연수 : 유형자산의 사용가능할 것으로 기대되는 기간

③ 잔존가액 : 자산이 내용연수의 종료시점에 처분예상가격의 추정치

2) 감가상각방법

① 정액법 : 감가상각대상금액을 매기 균등하게 배분하는 방법

$$\frac{\text{취득원가} - \text{잔존가액}}{\text{내용연수}} = \text{1년분 감가상각비}$$

② 정률법 : 기초의 미상각잔액(취득원가-감가상각누계액)에 매기 일정률(정률)을 곱하여 계산하는 방법으로 체감잔액법 중 하나이다.

$$\underline{(\text{취득원가} - \text{감가상각누계액})} \times \text{정률} = \text{1년분 감가상각비}$$
$$\hookrightarrow \text{미상각 잔액(장부가액)}$$

$$\text{정률} = 1 - \sqrt[r]{\frac{\text{잔존가액}}{\text{취득원가}}} \quad (n = \text{내용연수})$$

> ☞ 유형자산을 회계기간 중 취득하거나 처분하는 경우, 당해 회계기간의 감가상각비를 월할 계산하여 상각 한다.
>
> $$\text{1년분 감가상각비} \times \frac{\text{사용기간월수}}{\text{12개월}} = \text{월할 상각액}$$

③ 생산량비례법 : 생산량 또는 작업시간에 비례하여 감가상각하는 방법

$$(\text{취득원가} - \text{잔존가액}) \times \frac{\text{당기실제생산량}}{\text{추정총생산량}} = \text{1년분 감가상각비}$$

3) 감가상각비의 기장방법

No	구분	차 변		대 변	
①	직 접 법	감 가 상 각 비	50,000	건　　　　　물	50,000
②	간 접 법	감 가 상 각 비	50,000	감 가 상 각 누 계 액	50,000

☞ 직접법은 유형자산의 감가상각인식에는 사용하지 않으며 일반적으로 무형자산의 상각에 사용되며, 감가상각누계액계정은 유형자산에 대한 차감적 평가계정으로 자산에서 차감하는 형식으로 재무상태표에 기재된다.

재 무 상 태 표

자 산	금 액		부채·자본	금 액
건　　　　　물	500,000			
감가상각누계액	△50,000	450,000		

5. 유형자산 취득 후에 지출

유형자산을 영업활동에 사용하다 보면 유형자산의 유지와 수선을 위한 지출이 발생하는데 이는 그 지출의 성격에 따라 자본적 지출과 수익적 지출로 구분할수 있다.

	자본적지출	수익적지출
내　용	자산의 가치를 실질적으로 증가시키거나 미래의 경제적 효익을 증가시키는 지출 또는 내용연수를 연장하는 지출로 해당자산의 취득원가에 가산한다.	자산의 가치를 원상회복시키거나 능률유지를 위한 지출로 당기 비용(수선비, 차량유지비등) 으로 처리한다.
대　상	· 용도를 변경하기 위한 개조 · 엘리베이터, 냉난방장치의 설치 · 피난시설의 설치 · 재해등의 이유로 본래의 용도에 이용가치가 없는 자산의 복구 · 개량, 확장, 증설등 · 자동차 엔진의 교체	· 건물 벽의 도장 · 파손된 유리 및 기와의 교체 · 소모품 및 부속품의 교체 · 자동차 타이어의 교체 · 기타 일반적인 소액의 수선비
회계처리	건　물　×××　　현　금　×××	수 선 비　×××　　현　금　×××

연 습 문 제

01 다음 거래를 분개하시오.

(1) 영업용 토지 ₩960,000을 구입하고, 대금은 수표를 발행하여 지급하다. 또한 등기료 및 중개수수료 ₩5,000을 현금으로 지급하다.

(2) 책상과 의자 ₩400,000을 구입하고 대금 중 반액은 현금으로 지급하고 잔액은 외상으로 하다.

(3) 영업용 건물 ₩4,000,000을 구입하고 제수수료 및 기타비용 ₩85,000과 함께 10일후에 지급하기로 하다.

(4) 영업용 트럭 1대 ₩6,500,000에 매입하고 대금은 수표를 발행하여 지급하다.

No	차 변 과 목	금 액	대 변 과 목	금 액
(1)				
(2)				
(3)				
(4)				

02 다음 거래를 분개하시오.

(1) 취득원가 ₩800,000 (내용연수 20년 잔존가액 ₩0)의 건물을 감가상각하다. (정액법)

(2) 결산시 비품 ₩650,000 (감가상각누계액 ₩50,000)에 대하여 (정률 10%) 감가상각을 하다.

(3) 결산시 건물 ₩2,500,000에 대하여 감가상각을 하다. 단, 감가상각누계액계정의 누계액은 ₩500,000이며, 정률은 20%임.

No	차 변 과 목	금 액	대 변 과 목	금 액
(1)				
(2)				
(3)				

03 다음 거래를 분개하시오.

(1) 취득원가 ₩800,000(감가상각누계액 ₩400,000)의 건물을 ₩500,000에 매각하고, 중개 수수료 ₩20,000을 차감한 잔액은 현금으로 받다.

(2) 취득원가 ₩750,000의 영업용 토지를 ₩600,000에 매각하고, 대금은 외상으로 하다.

(3) 취득원가 ₩460,000의 금고를 ₩200,000에 매각하고, 대금은 현금으로 받아 즉시 당좌 예입하다. 단, 감가상각누계액은 ₩300,000이 있음.

(4) 취득원가 ₩2,000,000의 트럭을 ₩1,500,000에 매각하고, 대금은 전일 당점이 발행한 수표로 받다. 단, 현재까지 감가상각을 간접법으로 ₩400,000하였음.

No	차 변 과 목	금 액	대 변 과 목	금 액
(1)				
(2)				
(3)				
(4)				

10 ''' 무형자산(無形資産)에 관한 기장

1. 무형자산의 의의

무형자산이란 기업이 장기간 영업활동에 사용할 목적으로 보유하고 있는 물리적 실체가없는 자산으로 독점적·배타적으로 일정기간 동안 특정 권리나 효익을 사용 할 수 있는 법률적·경제적 권리를 말한다.

2. 무형자산의 특징

㉮ **식별가능성** : 다른 자산과 분리하여 양도 가능한 경우(단, 영업권은 예외)
㉯ **통제가능성** : 배타적 권리를 가짐.
㉰ **미래 경제적 효익** : 미래의 매출(또는 수익증대, 비용감소)을 증가시킴.

3. 무형자산의 종류

㉮ **영업권** : 합병, 영업양수, 전세권 취득 등의 경우에 유상으로 취득한 것
㉯ **개발비** : 개발단계에서 내부적으로 창출된 것으로서 자산성을 충족한 것
㉰ **산업재산권** : 법률에 의해 보장된 배타적 권리(특허권, 실용신안권, 디자인권, 상표권)
㉱ **기타** : 소프트웨어, 광업권, 어업권, 차지권, 라이선스, 프랜차이즈, 저작권등

4. 무형자산의 취득원가

무형자산은 매입가액 또는 제작원가에서 취득시 부대비용을 합한 금액을 취득원가로 계상한다.

구 분	차 변	대 변
산업재산권을 유상 취득한 경우	산업재산권 500,000	현 금 500,000

5. 무형자산의 상각

㉮ **인식시점** : 자산이 사용가능한 때부터 인식
㉯ **상각기간** : 법령(계약)에 의해 정해진 경우를 제외하고는 20년을 초과할 수 없다.
㉰ **상각방법** : 정액법(잔존가치0%), 정률법, 연수합계법 등 기타 합리적인 방법이 사용가능 단, 합리적인 상각방법을 정할 수 없는 경우에는 정액법을 사용한다.

구 분	차 변	대 변
결산시 산업재산권을 상각하는 경우 (내용연수 5년 가정)	무형자산상각비 100,000	산업재산권 100,000

※ 일반기업회계기준에서는 직접법 또는 간접법(무형자산상각누계액)선택가능

투자자산 및 기타비유동자산에 관한기장

1. 투자자산

투자자산이란 타회사를 지배하거나 통제할 목적(=유의적인 영향력) 또는 장기적인 투자이윤을 얻을 목적으로 장기적으로 투자된 자산을 말한다. 투자자산은 기업 고유의 사업 목적 달성과는 관련이 없다는 점에서 유,무형자산과 다르며, 장기적으로 보유하고 있다는 점에서 단기매매증권이나 단기금융상품 등과 구별된다.

분 류	내 용
투 자 부 동 산	투자의 목적 또는 영업활동에 사용되지 않는 토지와 건물 및 기타의 부동산을 말한다.
매 도 가 능 증 권	유가증권 중 단기매매증권이나 만기보유증권 및 지분법적용투자주식으로 분류되지 않는 것을 말한다.
만 기 보 유 증 권	만기가 확정된 채무증권으로서 상환금액이 확정되었거나 확정이 가능한 채무증권을 만기까지 보유할 적극적인 의도와 능력이 있는 것을 말한다.
관 계 기 업 투 자	피투자회사에 유의적인 영향력을 행사할 수 있는 주식으로서 지분법으로 평가하는 것을 말한다.
장 기 대 여 금	유동자산에 속하지 않는 장기(1년이상)의 대여금을 말한다.
장 기 금 융 상 품	금융기관이 취급하는 정기예금, 정기적금 및 기타 정형화된 상품으로서 재무상태표일로부터 1년 이후에 만기가 도래하는 것을 말한다.
기 타 의 투 자 자 산	위에 속하지 아니하는 투자자산을 말한다.

2. 기타비유동자산

분 류	내 용
당 기 법 인 세 자 산	미래 과세소득에서 차감할 일시적 차이로 인한 법인세효과
임 차 보 증 금	건물등을 임차하면서 전세금 혹은 월세 보증금을 지급한 것
장 기 성 매 출 채 권	재무상태표일로부터 1년 이내에 만기가 도래하지 않는 외상매출금과 받을어음을 말한다.
장 기 선 급 금	재무상태표일로부터 1년 이내에 만기가 도래하지 않는 선급금
장 기 미 수 금	재무상태표일로부터 1년 이내에 만기가 도래하지 않는 미수금

12 ⟫⟫⟫ 개인기업의 자본(資本) 및 세금(稅金)

1. 개인기업의 자본금계정

개인기업의 자본금계정은 기업주의 원시출자액, 추가출자액 및 인출액, 당기순손익을 처리하는 계정으로 잔액은 항상 대변에 나타난다.

No	구분	차 변		대 변	
①	원 시 출 자	현 금	500	자 본 금	500
②	추 가 출 자	현 금	400	자 본 금	400
③	당 기 순 이 익 계 상	손 익	50	자 본 금	50
④	당 기 순 손 실 계 상	자 본 금	×××	손 익	×××

2. 인출금계정

기업주의 자본인출이 자주 발생하는 경우 이를 인출금계정 차변에 기록하였다가 기말 결산시 자본금계정 차변에 대체한다. (인출금계정은 자본금계정의 차감적평가계정이다.)

No	구분	차 변		대 변	
①	기업주가 개인적 용도로 현 금 인 출	인 출 금	100	현 금	100
②	판매용상품을 기업주가 개인적인 용도로 사용	인 출 금	200	매 입	200
③	외 상 대 금 을 회 수 하 여 기업주 개인 용도로 사용	인 출 금	300	외 상 매 출 금	300
④	결산시 인출금계정을 정리	자 본 금	600	인 출 금	600

> 기 말 자 본 - (원시출자 + 추가출자 - 인출금) = 당기순손익
> 순이익 포함 기초자본금이라 함

※ 상기의 분개로 이해를 해보자
기초자본은 500 + 400 - 600 = 400이 된다
기말자본은 기초자본(400) + 순이익(50) = 450이 된다
기말자본(450) - 기초자본(400) = 순이익(50)이라는 결과에 도달한다.

3. 개인기업의 세금

1) 사업소득세

개인기업의 사업소득에 부과되는 종합소득세로서 개인기업의 사업소득은 곧 기업주의 부담이므로 기업주 개인의 인출금계정으로 처리하였다가 기말 결산시에 자본금계정 차변으로 대체 정리한다.

2) 세금과공과

기업의 영업활동과 관계있는 재산세, 자동차세, 사업소세, 도시계획세, 종합토지세 등과 상공회의소 회비, 적십자회비, 협회비, 조합비 등의 공과금을 합한 것을 말한다.

3) 취 득 세

유형자산(건물, 토지)을 구입시 부담하는 세금으로 자산의 취득 부대비용으로 분류하여 유형자산의 취득원가에 포함한다.

4) 근로소득세

종업원의 급여 지급시 원천징수한 근로소득세는 예수금계정(부채)으로 처리하였다가 관할세무서에 신고 및 현금으로 납부한다.

No	구분	차 변		대 변	
①	사 업 소 득 세 의 납부	인 출 금	×××	현 금	×××
②	취 득 세 납 부	건 물 (등)	×××	현 금	×××
③	재 산 세 등 납 부	세 금 과 공 과	×××	현 금	×××
④	급여지급시 근로소득세 원 천 징 수	급 여	900	예 수 금 보 통 예 금	50 850
⑤	원천징수 소득세의 납부	예 수 금	50	현 금	50

연 습 문 제

01 다음 거래를 분개하시오.

(1) 현금 ₩2,000,000(단기차입금 ₩300,000 포함), 비품 ₩500,000, 토지 ₩5,000,000을 출자하여 상품매매업을 개시하다.

(2) 기업주가 개인적으로 상품 ₩400,000(원가 ₩350,000)을 사용하다.

(3) 회계기간 중 기업주가 현금 ₩800,000을 추가로 출자하다.

(4) 기말 결산시 순이익 ₩600,000을 계상하다.

(5) 자동차보험료 ₩250,000을 현금으로 지급하다. (기업주 개인차량 보험료 ₩50,000이 포함되어 있음)

(6) 기업주가 외상매출금 ₩200,000을 현금으로 회수하여 개인적으로 사용하다.

(7) 기업주 개인적으로 사용한 차입금 ₩250,000을 회사의 차입금으로 변경하다.

No	차 변 과 목	금 액	대 변 과 목	금 액
(1)				
(2)				
(3)				
(4)				
(5)				
(6)				
(7)				

02 다음 거래를 분개하시오.

(1) 적십자 회비 ₩100,000을 현금으로 지급하다.

(2) 대백상사는 사업소득세 확정신고를 하고, 사업소득세 ₩100,000을 현금 납부하다.

(3) 건물에 대한 재산세 ₩100,000을 현금으로 납부하다. 단, 이 중 ₩30,000은 기업주 개인의 주택에 대한 것이다.

(4) 종업원 급여 지급시 원천징수한 소득세 ₩570,000을 현금으로 납부하다.

(5) 앞서 구입한 토지에 대한 취득세 ₩500,000을 현금으로 납부하다.

(6) 회사 업무용 차량에 대한 자동차세 ₩120,000과 기업주 개인 차량에 대한 자동차세 ₩200,000을 현금으로 납부하다.

No	차 변 과 목	금 액	대 변 과 목	금 액
(1)				
(2)				
(3)				
(4)				
(5)				
(6)				

13 》》 주식회사의 자본(資本)

1. 자본의 의의

자본은 자산총액에서 부채총액을 차감한 잔액으로 순자산, 주주지분, 소유주지분, 자기자본이라고도 한다. 재무상태표상의 자본은 자본금, 자본잉여금, 자본조정, 기타포괄손익누계액, 이익잉여금 구분하여 표시한다.

2. 자본의 구조

구분	내 용
자 본 금	법정자본금(발행주식수 × 1주당 액면금액)
자 본 잉 여 금	주식발행초과금, 감자차익, 자기주식처분이익
자 본 조 정	주식할인발행차금, 감자차손, 자기주식처분손실, 자기주식, 배당건설이자, 출자전환채무, 주식매수선택권, 미교부주식배당금 등
기타포괄손익누계액	매도가능금융자산평가손익, 해외사업환산손익, 현금흐름위험회피 파생상품평가손익, 재평가 잉여금 등
이 익 잉 여 금	이익준비금, 임의적립금, 미처분이익잉여금

3. 자본금

주식회사의 자본금은 상법규정에 따라 납입자본 중에 자본금으로 확정된 금액을 말한다. 자본금은 법률의 규정에 의하여 규정된 자본이므로 법정자본금이라고도 한다.

자 본 금 = 발행주식수 × 1주의 액면금액

[주식의 발행]

구분	차 변		대 변	
액면발행 (액면금액 = 발행가액)	당 좌 예 금	5,000	자 본 금	5,000
할증발행 (액면금액〈발행가액)	당 좌 예 금	6,000	자 본 금 주식발행초과금	5,000 1,000
할인발행 (액면금액〉발행가액)	당 좌 예 금 주식할인발행차금	4,000 1,000	자 본 금	5,000

참고) 주식발행시 주식발행비용이 발생하는 경우 회사의 설립시에는 창업비계정으로 처리하고, 설립후의 신주발행시에는 주식발행가액에서 직접 가감하여 처리한다. 그러므로 주식발행비용만큼 주식발행초과금이 감소하거나, 주식할인발행차금이 증가된다.

4. 자본잉여금

자본잉여금은 증자나 감자 등의 주주와의 거래인 자본거래에 의하여 자본을 증가시키는 잉여금을 말한다. 자본잉여금은 영업활동의 결과 자본을 증가시키는 이익잉여금과는 구분하여야 한다.

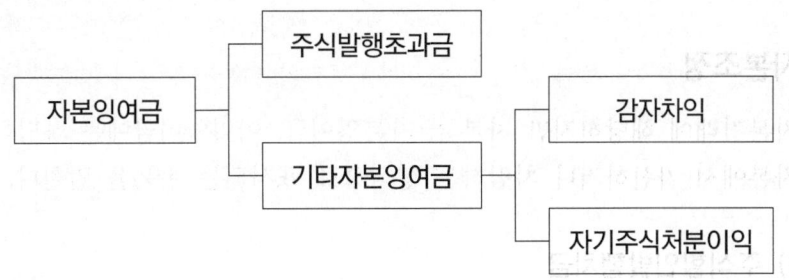

1) 주식발행초과금

주식의 액면금액을 초과하여 주식을 발행한 경우 그 초과된 금액을 말한다.

구분	차 변	대 변
액면금액 〈 발행가액 ₩10,000　　₩12,000	현　　　　금　　12,000	자　　본　　금　　10,000 주식발행초과금　　2,000

2) 감자차익

사업규모를 축소하기 위하여 발행한 주식을 매입소각하거나(실질적감자), 결손금을 보전하기 위하여 자본을 감소(형식적감자)시키는 것을 감자라고 하며, 이 경우 감자금액이 매입소각하는 금액이나 결손금의 보전액을 초과할 경우 그 초과된 금액을 말한다.

구분	차 변	대 변
액면₩5,000의 주식을 사업축소 목적으로 ₩4,000매입소각한경우	자 본 금　　5,000	현　　　　금　　4,000 감 자 차 익　　1,000

3) 자기주식처분이익

자기회사의 주식을 매입하는 경우에는 자기주식계정으로 기입하는데, 이 자기주식을 처분하면서 취득원가를 초과하여 처분하는 경우의 초과된 금액을 말한다.

구분	차 변		대 변	
자기주식의매입	자 기 주 식	7,000	당 좌 예 금	7,000
자기주식의처분	당 좌 예 금	8,000	자 기 주 식	7,000
			자기주식처분이익	1,000

4. 자본조정

자본거래에 해당하지만 자본금, 자본잉여금, 이익잉여금에는 해당하지 아니하고 자본에서 가산하거나 차감하는 형식으로 표시되는 항목을 말한다.

1) 주식할인발행차금

주식의 액면금액에 미달하여 주식을 발행한 경우 그 미달된 금액을 말한다. 주식할인발행차금은 이익잉여금의 처분항목으로서 **주식발행연도로부터 3년 이내의 기간에 매기 균등액을 상각**하고 미상각잔액은 재무상태표에 자본에서 차감하는 형식으로 표시한다. 만약 주식발행초과금 잔액이 있는 경우 상계 처리한 잔액을 말한다.

구분	차 변	대 변
액면금액 ₩10,000 〉 발행가액 ₩9,500	현　　　　금 9,500 주식할인발행차금　 500	자 본 금 10,000

2) 감자차손

소각된 주식의 액면금액보다 감자에 따른 지급 금액이 많은 경우 그 미달된 금액을 말한다. 만약 감자차익 잔액이 있는 경우 상계 처리한 잔액을 말한다.

구분	차 변	대 변
액면₩5,000의 주식을 사업축소목적으로 ₩5,100매입소각한경우	자 본 금　 5,000 감 자 차 손　 100	현　　　금　 5,100

3) 자기주식과 자기주식처분손실

자기회사의 주식을 매입하는 경우에는 자기주식계정으로 기입하는데, 이 자기 주식을 처분하면서 취득원가 이하로 처분하는 경우의 미달된 금액을 말한다. 만약 자기주식처분이익 잔액이 있는 경우 상계 처리한 잔액을 말한다.

구분	차 변		대 변	
자기주식의매입	자 기 주 식	7,000	당 좌 예 금	7,000
자기주식의처분	현 금 자기주식처분이익	6,000 1,000	자 기 주 식	7,000

5. 기타포괄손익누계액

주주와의 자본거래를 제외한 모든 거래에서 발생한 자본의 변동을 포괄손익이라 한다. 즉, 미래손익을 인식하는 것이다. 매도가능증권평가손익, 해외사업환손익, 재평가잉여금 등이 여기에 속한다.

구분	차 변		대 변	
매도가능증권의취득	매 도 가 능 증 권	10,000	당 좌 예 금	10,000
매도가능증권의평가	매도가능증권평가손실	1,000	매 도 가 능 증 권	1,000
매도가능증권의처분	현 금	12,000	매 도 가 능 증 권 매 도 가 능 증 권 평 가 손 실 매 도 가 능 증 권 처 분 이 익	9,000 1,000 2,000

6. 이익잉여금

기업의 정상적인 영업활동에 의하여 유보된 이익을 말한다. 손익계산서에서 수익과 비용으로 당기순손익을 집계하고 이것을 이익잉여금에 대체시키는 방법을 채택하고 있기 때문에 손익계산서와 재무상태표를 연결시키는 중추적인 역할을 하는 항목이다. 이익잉여금은 당기순이익에 의하여 증가되고 당기순손실, 배당 및 이익잉여금의 처분등으로 감소된다. 이익잉여금은 아래와 같이 구분된다.

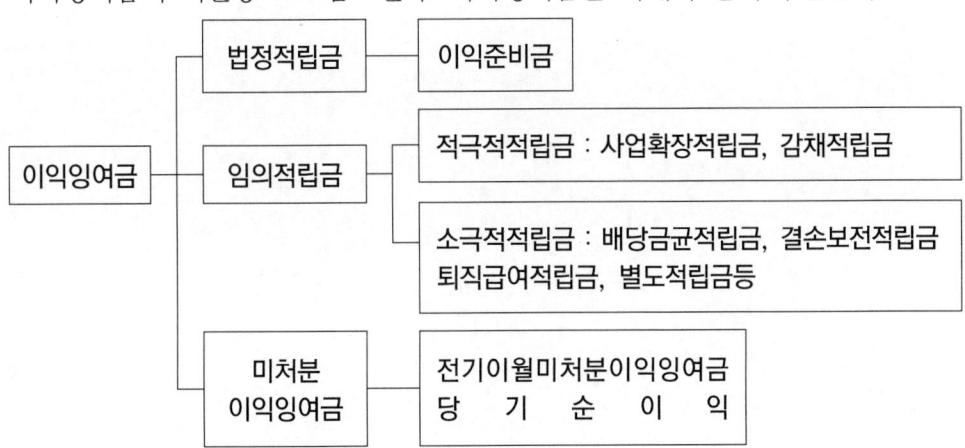

1) 이익준비금

상법규정에 의해 회사는 자본(자본금)의 1/2에 달할 때까지 매 결산기의 <u>금전에 의한 배당액의 1/10이상의 금액을 이익준비금으로 적립</u>하여야 한다. 상법규정에 의한 강제규정이므로 제 1법정 준비금 이라고도 한다. 결손보전과 자본전입 이외의 목적에는 사용할 수 없다.

2) 임의적립금

법률에 의한 강제규정이 아닌 회사가 임의적으로 일정한 목적을 위하여 정관이나 주주총회의 결의에 의해서 이익잉여금을 사내에 유보하는 적립금을 말한다.

① 적극적적립금 : 기업의 순자산을 증대시킬 목적으로 유보하는 적립금으로 사업확장적립금과 감채적립금이 여기에 속한다. 목적 달성 시 별도 적립금 또는 미처분이익잉여금 계정으로 대체한다.

② 소극적적립금 : 미래의 손실이나 지출로 인하여 기업의 순자산이 감소할 것을 대비하여 적립하는 적립금으로 배당평균적립금, 결손보전적립금, 퇴직급여적립금, 별도적립금등이 여기에 속한다.

3) 미처분이익잉여금

전기이월미처분이익잉여금과 당기순이익의 합계액으로 처분되지 않고 남아있는 이익잉여금을 말한다.

7. 순손익의 계상과 처분(처리)

개인기업의 경우 손익계정에 의하여 계산된 당기순손익을 자본금계정에 대체하지만, 주식회사의 경우에는 미처분이익잉여금계정에 대체하여 이사회의 결의에 따라 처분안을 만들어 주주총회의 승인을 얻어 순이익의 처분과 결손금의 처리가 이루어진다.

[개인기업]

〈당기순이익〉

손 익

비 용	수 익
자 본 금	

손 익 xxx / 자 본 금 xxx

〈당기순손실〉

손 익

비 용	수 익
	자 본 금

자 본 금 xxx / 손 익 xxx

[법인기업]

〈당기순이익〉

손 익

비 용	수 익
미처분이익잉여금	

손 익 xxx / 미처분이익잉여금 xxx

〈당기순손실〉

손 익

비 용	수 익
	미처리결손금

미처리결손금xxx / 손 익 xxx

구분	차 변		대 변	
순 이 익 의 계 상 시	손 익	7,000	미처분이익잉여금	7,000
이 익 잉 여 금 처 분 시	미처분이익잉여금	5,500	이 익 준 비 금 미 지 급 배 당 금 임 의 적 립 금	300 3,000 2,200
※ 이익잉여금 처분 순서 　　이익준비금의 적립→이익잉여금처분에 의한 상각→주주배당금→임의적립금 적립				
순 손 실 의 계 상 시	미 처 리 결 손 금	3,000	손 익	3,000
결 손 금 처 리 시	임 의 적 립 금 이 익 준 비 금 자 본 잉 여 금	1,200 800 500	미 처 리 결 손 금	2,500
※ 결손금의 처리 순서 　　임의적립금 이입액 → 이익준비금 이입액 → 자본잉여금 이입액 순으로 결손금처리				

연습문제

01 다음 거래를 분개하시오.

(1) (주)어울림은 사업확장을 위하여 보통주 10,000주를 1주당 ₩5,000에 액면금액과 동일한 금액으로 발행하고, 주금은 납입 받아 전액 당좌예입하다.

(2) (주)어울림은 사업확장을 위하여 보통주 10,000주를 1주당 ₩6,000(액면금액 @₩5,000)에 발행하고, 주식발행비용 ₩200,000을 차감한 잔액은 당좌예입하다.

(3) (주)어울림은 사업확장을 위하여 보통주 10,000주를 1주당 ₩4,500(액면금액 @₩5,000)에 발행하고, 주식발행비용 ₩200,000을 차감한 잔액은 당좌예입하다.

(4) (주)어울림은 증자를 결의하고 주식발행초과금 ₩3,000,000을 자본에 전입하기로 하고, 보통주를 발행하여 교부하다. 단, 유상증자 70%, 무상증자 30%이며 유상증자분은 전액 납입 받아 당좌예입하다.

No	차 변 과 목	금 액	대 변 과 목	금 액
(1)				
(2)				
(3)				
(4)				

02 다음 거래를 분개하시오.

(1) (주)삼성은 사업규모를 축소하기 위하여 기 발행 주식 중 20,000주(액면@₩5,000)를 1주당 ₩4,500에 수표 발행하여 매입 소각하다.

(2) (주)삼성은 사업규모를 축소하기 위하여 기 발행 주식 중 20,000주(액면@₩5,000)를 1주당 ₩5,200에 수표 발행하여 매입 소각하다.

(3) 서울주식회사는 미처리결손금 ₩4,800,000을 보전하기 위하여 주주총회 특별결의에 의하여 1주 액면 ₩10,000의 보통주식 1,000주를 1주 액면 ₩5,000으로 변경하고 주식을 구주와 교환하여 주다.

(4) (주)현주상사는 자기주식 1,000주(액면금액 @₩5,000)를 ₩4,000에 매입하고, 대금은 보통예금에서 이체하여 지급하다.

(5) 위 자기주식 600주를 1주 ₩5,000에 처분하고, 대금은 전액 현금으로 받다.

(6) 위 자기주식 400주를 1주 ₩3,800에 처분하고, 대금은 당좌예입하다.

No	차 변 과 목	금 액	대 변 과 목	금 액
(1)				
(2)				
(3)				
(4)				
(5)				
(6)				

03 다음 거래를 분개하시오.

(1) (주)화랑은 제 1기 결산 결과 당기순이익 ₩30,000,000을 계상하다. 단, 결산은 연 1회이며 (주)화랑의 자본금은 ₩100,000,000이다.

(2) 주주총회의 결의에 따라 위 당기순이익을 다음과 같이 처분하다.

　　결산 처분내역 : ① 이익준비금(상법 규정 최소 한도액)

　　　　　　　　　② 배당금 연 10%(전액 현금배당)

　　　　　　　　　③ 사업확장적립금 ₩5,000,000

　　　　　　　　　④ 결손보전적립금 ₩3,000,000

(3) (주)화랑은 제 2기 결산 결과 당기순이익 ₩45,000,000을 계상하다.

No	차 변 과 목	금 액	대 변 과 목	금 액
(1)				
(2)				
(3)				

04 다음 거래를 분개하시오.

(1) (주)병민은 제 5기 결산 결과 당기순손실 ₩10,000,000을 계상하다.

(2) 주주총회의 결의에 따라 위 당기순손실을 다음과 같이 처리하다.

　　결손금 처리내역 : ① 결손보전적립금 이입액 ₩2,000,000

　　　　　　　　　　② 이익준비금 이입액 ₩4,000,000

　　　　　　　　　　③ 주식발행초과금 ₩3,000,000

No	차 변 과 목	금 액	대 변 과 목	금 액
(1)				
(2)				

14 >>> 사채(社債)

1. 사채의 의의

기업이 장기적으로 자금을 조달하기 위하여 일정기간 동안 이자를 지급 하고, 일정 시점(만기)이 되면 원금을 상환할 것을 약정한 차입증서(유가증권)를 말한다.

2. 사채의 발행

1) 발행방법

액면이자율과 시장이자율의 차이에 따라 발행방법이 구분된다.

구 분	차 변	대 변
액면발행 (액면금액 = 발행가액) [액면이자율=시장이자율]	당 좌 예 금 10,000	사 채 10,000
할증발행 (액면금액〈발행가액) [액면이자율〉시장이자율]	당 좌 예 금 11,000	사 채 10,000 사채할증발행차금 1,000
할인발행 (액면금액〉발행가액) [액면이자율〈시장이자율]	당 좌 예 금 9,000 사채할인발행차금 1,000	사 채 10,000

2) 이자율의 종류

① 액면이자율 : 사채 권면에 표시된 이자율(=표시이자율)
② 시장이자율 : 사채 발행시점에 시장에서 형성되어 있는 은행이자율
③ 유효이자율 : 사채 발행가액과 사채의 미래현금흐름의 현재가치를 일치시키는 내부수익율

3. 사채발행비의 회계처리

일반기업회계기준에서는 사채 발행을 위하여 직접 발생한 <u>사채발행비용은 사채의 발행가액에서 가감하도록 규정</u>하고 있다. 따라서 사채가 <u>액면발행 또는 할인발행된 경우에는 이를 사채할인발행차금에 가산 처리</u>하고, <u>사채가 할증발행된 경우에는 사채할증발행차금에서 차감</u>시켜야 한다.

연습문제

01 다음 거래를 분개하시오.

(1) (주)계명은 기업의 자금 조달을 위하여 액면 ₩5,000,000의 사채를 ₩5,000,000에 발행하고, 납입금은 전액 당좌예입하다.

(2) (주)강남은 액면 총액 ₩20,000,000(@₩10,000)의 사채를 @₩11,000에 발행하고, 납입금은 사채발행비용 ₩200,000을 차감한 잔액은 당좌예입하다.

(3) (주)영진은 액면 총액 ₩10,000,000(@₩10,000)의 사채를 @₩9,700에 발행하고, 납입금은 사채발행비용 ₩50,000을 차감한 잔액은 당좌예입하다.

No	차 변 과 목	금 액	대 변 과 목	금 액
(1)				
(2)				
(3)				

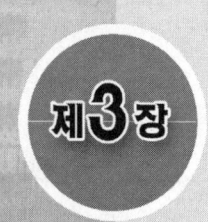

결산 및 재무제표

01 >>> 손익의 정리

1. 손익의 정리

일반적으로 수익과 비용계정의 회계기록은 현금의 수입과 지출이 있더라도 차기에 귀속되는 금액은 차기로 이월하고 당기의 수익과 비용만을 계상하여야 하며, 현금의 수입과 지출이 없더라도 당기에 귀속되는 금액이 있다면 수익과 비용을 예상하여 당기의 손익계산에 포함하는 것을 손익의 정리라 한다.

손익의 이 연	비용의 이연(선급비용) : 선급보험료, 선급임차료 등
	수익의 이연(선수수익) : 선수이자, 선수수수료 등
손익의 예 상	비용의 예상(미지급비용) : 미지급급여, 미지급임차료 등
	수익의 예상(미수수익) : 미수임대료, 미수이자 등

1) 손익의 이연

① 수익의 이연(선수수익)

당기중 지급받은 수익 중 차기에 속하는 금액은 해당 수익계정 차변에 기입하여 차감하고, 부채계정인 선수수익계정 대변에 기입하여 차기로 이월한다.

No	구분	차 변		대 변	
①	기중에 임대료수입 (10개월분)	현 금	1,000	임 대 료	1,000
②	결산시 미경과분 계상 (4개월분)	임 대 료	400	선 수 임 대 료	400
③	차기초 재대체 분개	선 수 임 대 료	400	임 대 료	400

② 비용의 이연(선급비용)

당기중 지급한 비용 중 차기에 속하는 금액은 해당 비용계정의 대변에 기입하여, 차감하고, 자산계정인 선급비용계정 차변에 기입하여 차기로 이월한다.

No	구분	차 변		대 변	
①	기중에 보험료지급 (1 2 개 월 분)	보　험　료	1,200	현　　　금	1,200
②	결산시 미경과분 계상 (5 개월분)	선 급 보 험 료	500	보　험　료	500
③	차기초 재대체 분개	보　험　료	500	선 급 보 험 료	500

2) 손익의 예상

① 수익의 예상(미수수익)

당기에 속하는 수익으로서 아직 받지 않은 금액은 해당 수익계정 대변에 기입하여 가산하고, 자산계정인 미수수익계정으로 처리한다.

No	구분	차 변		대 변	
①	기중에 수수료수입 (1 개 월 분)	현　　　금	200	수 수 료 수 익	200
②	결 산 시 미 수 분 계 상 (2 개 월분)	미 수 수 수 료	400	수 수 료 수 익	400
③	차기초 재대체 분개	수 수 료 수 익	400	미 수 수 수 료	400

② 비용의 예상(미지급비용)

당기에 속하는 비용으로서 아직 지급되지 않은 금액은 해당 비용계정 차변에 기입하여 가산하고, 부채계정인 미지급비용계정으로 처리한다.

No	구분	차 변		대 변	
①	기중에 이자지급 (2 개 월 분)	이 자 비 용	400	현 ,　　금	400
②	결산시 미지급분 계상 (3 개월분)	이 자 비 용	600	미 지 급 이 자	600
③	차기초 재대체 분개	미 지 급 이 자	600	이 자 비 용	600

3) 소모품의 처리

내용연수가 1년미만인 사무용 장부, 볼펜, 청소도구 등의 소모품을 구입하는 경우 구입시점에 비용계정으로 처리하는 **비용처리법**과 구입시점에 자산계정으로 처리하는 자산처리법이 있다.

① 비용처리법 : 구입시점에 비용으로 계상하고 결산시에 미사용액을 소모품비에서 차감하여 자산(소모품)으로 계상하는 방법

No	구분	차 변		대 변	
①	소모품의 구입	소 모 품 비	500	현 금	500
②	결산시 소모품 미사용분 ₩100계상	소 모 품	100	소 모 품 비	100
③	차기초 재대체 분개	소 모 품 비	100	소 모 품	100

② 자산처리법 : 구입시점에 자산으로 계상하고 결산시에 사용액을 소모품에서 차감하여 비용(소모품비)로 처리하는 방법

No	구분	차 변		대 변	
①	소모품의 구입	소 모 품	500	현 금	500
②	결산시 소모품 사용분 ₩400계상	소 모 품 비	400	소 모 품	400
③	차기초 재대체 분개	분 개		없 음	

※ 비용처리법이든 자산처리법이든 동일한 조건이라면 손익계산서(소모품비 ₩400) 재무상태표(소모품 ₩100)에 기록됨은 동일하다.

연습문제

01 다음 거래를 분개하고 각 계정에 기입한 다음 마감하시오.

4/ 1 화재보험을 가입하고 보험료 1년분 ₩120,000을 당좌수표를 발행하여 지급하다.
12/31 결산시 보험료 미경과분을 계상하고, 당기분을 손익계정에 대체하다.
1/ 1 상기의 보험료 선급분을 제대체하다.

일 자	차 변 과 목	금 액	대 변 과 목	금 액
4/1				
12/31				
12/31				
1/1				

보 험 료   선급보험료

02 다음 거래를 분개하고 다음 계정의 기입면을 나타내시오.

5/ 1 집세 10개월분 ₩50,000을 현금으로 받다.
12/31 결산시 집세 미경과분을 계상하고, 당기분을 손익계정에 대체하다.
1/ 1 상기의 선수분을 재대체하다.

일 자	차 변 과 목	금 액	대 변 과 목	금 액
5/1				
12/31				
12/31				
1/1				

임 대 료   선수임대료

03 다음 거래를 분개하고 아래 계정에 기입면을 표시하시오.

6/ 1 이자 4개월분 ₩80,000을 현금으로 지급하다.

12/31 결산시 이자 미지급분을 계상하고, 당기분을 손익계정에 대체하다.

1/ 1 상기의 미지급분을 재대체하다.

일자	차 변 과 목	금 액	대 변 과 목	금 액
6/1				
12/31				
12/31				
1/1				

이 자 비 용   미지급이자

04 다음 거래를 분개하고 각 계정에 전기하시오.

3/ 8 수수료 ₩27,000을 현금으로 받다.

12/31 결산시 수수료 미수분 ₩32,000을 계상하고, 당기분을 손익계정에 대체하다.

1/ 1 기초에 미수분을 재대체하다.

일자	차 변 과 목	금 액	대 변 과 목	금 액
3/8				
12/31				
12/31				
1/1				

수수료수익   미수수료

05 다음 거래를 비용처리법과 자산처리법으로 각각 분개하고, 해당계정에 전기하시오.

7/ 1 사무용 소모품 ₩55,000을 외상으로 구입하다.
12/31 결산시 소모품의 미사용분 ₩22,000을 차기로 이월하고, 당기분을 계상하다.
1/ 1 미사용분을 재대체하다.

[비용처리법]

일자	차 변 과 목	금 액	대 변 과 목	금 액
7/1				
12/31				
12/31				
1/1				

　　　　　소 모 품　　　　　　　　　　　　소 모 품 비

[자산처리법]

일자	차 변 과 목	금 액	대 변 과 목	금 액
7/1				
12/31				
12/31				
1/1				

　　　　　소 모 품　　　　　　　　　　　　소 모 품 비

06 다음 거래를 분개하고 각 계정에 기입한 다음 마감하시오.(자산처리법)

4/ 1 화재보험을 가입하고 보험료 1년분 ₩120,000을 당좌수표를 발행하여 지급하다.
12/31 결산시 보험료 미경과분을 계상하고, 당기분을 손익계정에 대체하다.

일자	차 변 과 목	금 액	대 변 과 목	금 액
4/1				
12/31				
12/31				
1/1				

　　　　　선급보험료　　　　　　　　　　　　보 험 료

02 ››› 결산정리사항의 수정

결산정리사항이란 결산에 앞서 원장의 잔액과 실제 잔액의 차액이 발생하면 이를 실제 금액에 맞게 수정하여야 한다. 이를 <u>결산정리사항</u> 이라 하고 수정을 위한 분개를 정리 분개 또는 수정분개라 한다.

1. 결산정리사항의 분류

1) 현금과부족의 정리
2) 단기매매증권의 평가
3) 기말재고자산의 평가 및 매출원가의 계상
4) 대손충당금의 설정
5) 가지급금과 가수금계정의 정리
6) 유형자산 및 무형자산의 감가상각
7) 선수수익과 선급비용의 정리
8) 미수수익과 미지급비용의 정리
9) 소모품의 미사용액 계상
10) 퇴직급여부채의 설정
11) 인출금의 정리

2. 재고조사표

총계정원장의 마감에 앞서, 결산수정사항이 발생하는 경우 기말 재무상태를 정확히 파악하기 위하여 결산수정기입에 필요한 사항을 기재하는 일람표를 <u>재고조사표</u>라 한다.

01 채영상점의 제6기 (2014년 1월 1일부터 12월 31까지)말의 잔액시산표(일부)와 결산 정리사항에 의하여 결산정리분개를 표시 하시오.(상품계정의 분할은 제3법을 사용할 것)

잔 액 시 산 표 (일부)

차변	금액	대변	금액
현 금	150,000	가 수 금	50,000
외 상 매 출 금	800,000	대 손 충 당 금	8,000
받 을 어 음	500,000	건물감가상각누계액	400,000
단 기 매 매 증 권	200,000	비품감가상각누계액	50,000
이 월 상 품	250,000	자 본 금	3,000,000
현 금 과 부 족	2,000	매 출	1,200,000
가 지 급 금	50,000	임 대 료	30,000
건 물	1,000,000	수 수 료 수 익	15,000
비 품	300,000		
급 여	230,000		
소 모 품 비	20,000		
보 험 료	8,000		
이 자 비 용	20,000		

[결산정리사항]
(1) 기말상품재고원가 ₩150,000
(2) 단기매매증권의 공정가액 ₩170,000
(3) 가수금은 외상매출금 회수액으로 판명
(4) 매출채권잔액에 대하여 2%대손예상
(5) 가지급금은 여비교통비로 판명되다
(6) 현금과부족을 정리하다.
(7) 소모품 미사용액 ₩6,000
(8) 건물감가상각은 취득원가의 연10%
(9) 비품감가상각은 취득원가의 연5%
(10) 보험료 미경과액 ₩2,000
(11) 이자미지급액 ₩5,000
(12) 임대료 선수분 ₩3,000
(13) 수수료 미수액 ₩9,000

No	차 변 과 목	금 액	대 변 과 목	금 액
(1)				
(2)				
(3)				
(4)				
(5)				
(6)				
(7)				
(8)				
(9)				
(10)				
(11)				
(12)				
(13)				

02 다음의 수정전 잔액시산표를 자료로 하여 결산수정분개를 표시하시오.

(수정전) 잔 액 시 산 표

현 금	3,700,000	외 상 매 입 금	15,000,000
단 기 매 매 증 권	5,000,000	미 지 급 금	10,000,000
외 상 매 출 금	5,000,000	자 본 금	30,000,000
단 기 대 여 금	5,000,000	매 출	15,000,000
미 수 금	6,000,000	단기매매증권처분이익	1,000,000
토 지	10,000,000	배 당 금 수 익	100,000
건 물	10,000,000	이 자 수 익	300,000
차 량 운 반 구	5,000,000		
매 입	20,000,000		
급 여	1,500,000		
보 험 료	200,000		
	71,400,000		71,400,000

〈결산수정사항〉

(1) 미지급급여 : ₩200,000

(2) 보험료선급액 : ₩100,000

(3) 이자선수액 : ₩250,000

(4) 단기매매증권의 공정가액 평가액 : ₩5,400,000

(5) 기말 매출채권잔액의 3% 대손추정

(6) 건물 내용연수 20년 정액법 상각(잔존가치 ₩0)

(7) 차량운반구 내용연수 5년 정액법 상각(잔존가치 ₩0)

(8) 기말상품재고액 : ₩10,000,000

No	차 변 과 목	금 액	대 변 과 목	금 액
(1)				
(2)				
(3)				
(4)				
(5)				
(6)				
(7)				
(8)				

다음 자료에 의하여 2014년 결산수정분개를 행한 다음, 기말재무상태표와 손익계산서를 작성 하시오.

수정전 잔액시산표

(단위 : 원)

차 변	계 정 과 목	대 변
611,000	현 금	
526,000	단 기 매 매 증 권	
800,000	단 기 대 여 금	
450,000	외 상 매 출 금	
460,000	이 월 상 품	
600,000	건 물	
	외 상 매 입 금	725,000
	단 기 차 입 금	400,000
	미 지 급 금	100,000
	자 본 금	1,730,000
	매 출	1,890,000
	이 자 수 익	25,000
	임 대 료	60,000
1,350,000	매 입	
15,000	이 자 비 용	
28,000	보 험 료	
90,000	영 업 비	
4,930,000		4,930,000

〈결산수정사항〉

(1) 단기매매증권의 기말 공정가액 : ₩520,000
(2) 외상매출금 대손추정 : 잔액의 5%
(3) 기말상품재고액 : ₩350,000
(4) 건물 감가상각비 : 취득원가의 5%
(5) 이자비용 중 미지급분 : ₩10,000
(6) 보험료 미경과분(선급분) : ₩14,000
(7) 이자수익 중 미수취분 : ₩15,000
(8) 임대료 중 선수분 : ₩15,000

No	차 변 과 목	금 액	대 변 과 목	금 액
(1)				
(2)				
(3)				
(4)				
(5)				
(6)				
(7)				
(8)				

재 무 상 태 표

2014년 12월 31일

단위 : 원

손 익 계 산 서

2014년 1월 1일부터 12월 31일까지

단위 : 원

03 >>> 재무제표 작성과 표시를 위한 개념체계

1. 회계의 의의와 목적

회계란 정보이용자가 기업실체에 대한 정보에 의하여 합리적인 의사결정을 할 수 있도록, 경제적 정보를 식별·측정하여 이를 전달하는 과정을 말한다. 그러므로 **회계의 목적은 정보이용자의 경제적 의사결정에 유용한 정보를** 적시에 제공하는 것에 있다.

2. 회계의 분류

회계는 정보이용자가 누구인지에 따라 재무회계, 관리회계, 세무회계로 구분할 수 있다. 정보이용자가 외부정보이용자인 경우에는 재무회계, 내부정보이용자인 경우에는 관리회계, 국세청등에 세금을 지급하기 위한 목적인 경우에는 세무회계라 분류된다.

구분	재 무 회 계	관 리 회 계	세 무 회 계
목 적	외부보고목적	내부보고목적	과세소득계산
정보이용자	투자자등의 외부정보이용자	경영자등의 내부정보이용자	정부, 지방자치단체등의 과세당국
보고의 형태	재무제표	특수목적의 보고서	세법의 규정양식
원칙의 유무	일반적으로 인정된 회계원칙	일반적인 원칙없이 경제적 의사결정이론	세법규정

3. 재무제표

1) 재무제표의 의의와 종류

재무제표란 정보이용자에게 회계정보를 전달하는 수단으로 재무상태표, 손익계산서, 자본변동표, 현금흐름표, 주석으로 나뉘어 볼 수 있다. 국제회계기준 (K-IFRS)에서는 손익계산서는 재무상태표의 기타포괄손익누계를 포함하여 내용과 명칭이 변경되어 포괄손익계산서로 이익잉여금처분계산서는 재무제표에서 제외되었다. 그러나 상법등 관련 법규에서 이익잉여금처분계산서 작성을 요구하는 경우(또는 결손금처리계산서)에는 주석으로 공시한다. 또한 재무제표는 개별재무제표에서 연결재무제표로 공시체계를 변경하였다.

① 재무상태표

    ㉠ 재무상태표의 의의와 작성원칙

      재무상태표란 기업의 일정시점의 재무상태를 나타내는 정태적보고서이다. 즉, 기업이 소유하고 있는 자산, 부채, 자본에 관한 정보를 제공해 주며 다음과 같은 작성 원칙에 의거하여 작성되어 진다.

구분	내용
총 액 표 시	자산과 부채는 원칙적으로 상계하여 표시하지 않는다. 따라서 자산의 항목과 부채 또는 자본의 항목을 상계함으로써 그 전부 또는 일부를 재무상태표에서 제외하여서는 안된다. 다만, 매출채권에 대한 대손충당금 등 평가 계정 잔액을 당해 자산 또는 부채에서 직접 가감한 금액으로 해당 자산 또는 부채를 표시할 수 있다. 이 경우 가감한 금액을 주석으로 기재한다.
구 분 과 통 합 표 시	재무상태표항목을 자산, 부채, 자본으로 구분하여 표시하여한다. 즉 자산은 유동자산(당좌자산과 재고자산)과 비유동자산(투자자산, 유형자산, 무형자산, 기타비유통자산), 부채는 유동부채와 비유동부채, 자본은 자본금, 자본잉여금, 자본조정, 기타포괄손익누계액, 이익잉여금으로 구분하여 표시한다
잉 여 금 구 분 원 칙	잉여금은 자본거래(주주)와의 거래인 자본잉여금과 영업활동의 결과인 이익잉여금으로 구분하여 표시한다.
유동성과 비유동성의 구분	자산과 부채는 유동성이 큰 항목부터 배열하는 것을 원칙으로 한다. 여기서 유동성라 함은 특정 자산이 현금으로 전환되거나 특정 부채가 현금으로 상환될 때까지 소요 되는 기간이 짧은 순서에 따라 배열하는 것을 말한다. 즉, 당좌자산→재고자산→투자자산→유형자산→무형자산→기타비유동자산의 순서로 배열된다.
1년기준및정상영업주기	자산, 부채는 결산일 현재 1년 또는 영업주기를 기준으로 구분표시한다. 영업주기는 자산의 취득시점부터 그 자산을 처분하여 현금으로 실현되는 시점까지의 소요되는 기간이다.
미결산 · 비망계정표시금 지	미결산, 가지급금, 가수금, 현금과부족등 비망계정은 표시해서는 않되며, 적절한 계정과목으로 표시하여야 한다.

2) 재무상태표계정

구분			내 용
자산	유동자산	당좌자산	현금및현금성자산(현금,당좌예금,보통예금,현금성자산),단기투자자산(단기예금,단기매매증권,단기대여금),매출채권(외상매출금,받을어음),선급금,선급비용,미수금,미수수익,이연법인세자산
		재고자산	상품,제품,재공품,반제품,저장품,원재료등
	비유동자산	투자자산	투자부동산,장기투자증권(매도가능증권,만기보유증권),지분법적용투자주식,장기예금,장기대여금
		유형자산	토지,설비자산(건물,구축물,기계장치),건설중인자산,기타유형자산(차량운반구,비품등)
		무형자산	개발비,영업권,산업재산권(특허권,실용신안권,의장권,상표권),광업권,어업권,차지권,임차권리금,라이선스,프랜차이즈,저작권,컴퓨터소프트웨어
		기타비유동자산	장기매출채권,장기미수금,장기미수수익,장기선급금,장기선급비용,보증금,이연법인세자산(유동자산에서 제외 되는 것)
부채	유동부채	-	매입채무(외상매입금,지급어음),단기차입금,미지급금,미지급비용,미지급법인세,선수금,선수수익,유동성장기부채,예수금,이연법인세부채
	비유동부채	-	사채,퇴직급여충당부채,장기차입금,장기미지급금,장기미지급비용,장기선수금,장기선수수익,이연법세부채(유동부채에서 제외 되는 것)
자본	자본금	-	보통주자본금,우선주자본금
	자본잉여금	-	주식발행초과금,감자차익,자기주식처분이익
	자본조정	-	주식할인발행차금,감자차손,자기주식처분손실,자기주식,배당건설이자,신주청약증거금,주식매수선택권,출자전환채무
	기타포괄손익누계액	-	매도가능증권평가손익,해외사업환산손익,현금흐름위험회피파생상품평가손익, 재평가 잉여금
	이익잉여금	-	이익준비금,임의적립금,미처분이익잉여금

3) 손익계산서

① 손익계산서의 의의와 작성원칙

손익계산서란 기업의 일정기간의 경영성과를 나타내는 동태적보고서이다. 즉, 기업의 경영활동에 의한 수익과 비용에 관한 정보를 제공해 주며 다음과 같은 작성 원칙에 의거하여 작성되어 진다.

구분	내 용
총 액 표 시	수익과 비용은 원칙적으로 상계하여 표시하지 않는다. 따라서 수익항목과 비용항목 상계함으로써 그 전부 또는 일부를 손익계산서에서 제외하여서는 않된다. 단 예외적으로 동일 거래에서는 상계하여 표시할 수 있다.
구 분 표 시	손익계산서는 매출총손익, 영업손익, 법인세비용차감전순손익, 당기순손익, 주당손익으로 구분표시하여야 한다. 다만, 제조업, 판매업 및 건설업 이외의 업종에 속하는 기업은 매출총손익의 구분표시를 생략할 수 있다.
발 생 주 의	수익과 비용을 현금의 유출입이 있는 기간에 표시하는 것이 아니라 발생한 기간에 정당하게 배분되도록 처리해야 한다.
실 현 주 의	수익은 실현된 시점에서 수익으로 인식해야 한다.
수익비용대응의원칙	비용의 인식에 대한 원칙으로 비용은 수익이 실현되어 인식된 회계기간에 그 관련수익에 대응시켜서 인식해야 한다.

② 손익계산서계정

구분		내 용
수익	영업수익	매출
	영업외수익	이자수익,배당금수익,임대료,단기매매증권평가이익,단기매매증권처분이익,외환차익,수수료수익,외화환산이익,사채상환이익,전기오류수정이익,유형자산처분이익,자산수증이익,채무면제이익,보험금수익,잡이익,전기오류수정이익
비용	영업비용	매출원가(=판매원가)
	판매비와관리비	급여,퇴직급여,복리후생비,여비교통비,접대비,통신비,수도광열비,전력비,감가상각비,수선비,차량유지비,경상개발비,연구비,운반비,교육훈련비,도서인쇄비,소모품비,광고선접비,대손상각비,무형자산상각비,잡비,임차료,보험료,수수료비용,보관료,세금과공과,명예퇴직금등 대손충당금환입(: ⊖부의 표시)
	영업외비용	이자비용,외환차손,기부금,기타의대손상각비,외화환산손실,매출채권처분손실,단기매매증권평가손실,단기매매증권처분손실,재해손실,유형자산처분손실,잡손실,재고자산감모손실,재고자산평가손실,사채상환손실,전기오류수정손실
	법인세비용	법인세비용

③ 자본변동표

회계기간동안 발생한 자본의 변동을 표시하는 재무제표를 말한다. 자본변동표는 자본을 구성하고 있는 자본금, 자본잉여금, 자본조정, 기타포괄손익누계액, 이익잉여금(또는 결손금)의 변동에 대한 포괄적인 정보를 각 항목별로 기초잔액, 변동사항, 기말잔액을 표시한다.

④ 현금흐름표

현금흐름표는 기업의 활동을 영업, 투자, 재무활동으로 구분하여 각각의 현금 유출입을 구분 표시한다.

⑤ 주석

주석은 재무상태표, 손익계산서, 자본변동표 및 현금흐름표에 부가적으로 표시하는 정보에 추가하여 제공된 정보를 말한다. 주석은 재무제표에 표시된 항목을 구체적으로 설명하거나 세분화하며, 재무제표 인식요건을 충족하지 못하는 항목에 대한 정보를 제공한다. 주석이 제외된 재무제표는 완전한 재무제표라고 할수 없다.

주석은 실무적으로 적용 가능한 한 체계적인 방법으로 표시한다. 재무상태표, 손익계산서, 자본변동표 및 현금흐름표에 표시된 개별항목은 주석의 관련 정보와 상호 연결시켜 표시한다.

㉠ 재무제표의 개별 항목에 대한 주석 정보는 해당 개별 항목에 기호를 붙이고 별지에 동일한 기호를 표시하여 그 내용을 설명한다.

㉡ 하나의 주석이 재무제표에 2이상의 개별 항목과 관련된 경우에는 해당 개별 항목 모두에 주석의 기호를 표시한다. 또한 하나의 주석에 포함된 정보가 다른 주석과 관련된 경우에는 해당되는 주석 모두에 관련된 주석의 기호를 표시한다.

[재무제표의 종류]

일반 기업회계기준(K-GAAP)	한국채택 국제회계기준(K-IFRS)
재무상태표	재무상태표
손익계산서	포괄손익계산서
자본변동표	자본변동표
현금흐름표	현금흐름표
주　　석	주　　석
• 상법 등에서 이익잉여금처분계산서의 작성을 요구하는 경우에 재무상태표의 이익잉여금에 대한 보충 정보로서 이익잉여금처분계산서를 주석으로 공시	
	• 회계정책을 소급하여 적용하거나 재무제표의 항목을 소급하여 재작성 또는 재분류하는 경우 가장 이른 비교기간의 기초 재무상태표를 추가 작성함

4. 재무회계의 개념체계

재무회계의 개념체계란 회계의 기초개념과 재무보고의 목적등을 체계화함으로써 일관성있는 기준을 제공하게하고, 재무보고의 성격등에 관한 규범을 제공한다.

1) 재무회계의 목적(= 재무보고의 목적)

재무회계는 투자자나 채권자 등 기업의 외부정보이용자들이 합리적인 의사결을 할 수 있도록 유용한 정보를 제공하는데 그 목적이 있다.

① 투자 및 신용의사결정에 유용한 정보의 제공
② 미래현금흐름 예측에 유용한 정보의 제공
③ 재무상태, 경영성과, 현금흐름 및 자본변동에 관한 정보 제공
④ 경영자의 수탁책임 평가에 유요한 정보의 제공

2) 회계의 기본가정(= 기본전제, 회계공준)

재무제표를 작성하는 일정한 가정을 말하며 아래와 같다.

구분	내 용
기업실체의 가정	기업은 주주나 경영자와는 별개의 독립적인 존재로 보고 기업의 경제활동에 대한 경제적 정보를 측정, 보고한다는 가정이다.
계속기업의 가정	기업은 목적을 달성하기 위해서 장기간 계속적으로 존재한다는 가정이다. 계속기업의 가정을 근거로 하여 다음과 같은 후속개념들이 정당화되거나 도출된다. ⓐ 기업의 자산을 역사적 원가로 평가하는 근거를 제공한다. ⓑ 유형자산의 감가상각이라는 회계절차의 근거를 제공한다. ⓒ 자산이나 부채의 분류 표시도 청산 우선순위가 아닌 유동성 순위에 따라 유동자산, 비유동자산 등으로 분류하는 근거를 제공한다.
기간별보고의 가정	기업실체의 존속기간을 일정기간의 인위적 단위로 분할하여 각 기간에 대해 경제적 의사결정에 유용한 정보를 보고한다는 가정

3) 회계정보의 질적특성

재무제표에 의해 제공되는 정보는 정보이용자들의 의사결정에 유용한 회계정보가 되어야한다. 회계정보의 질적특성이란 회계정보가 유용하기 위하여 갖추어야할 주요 속성을 말하며, 회계정보의 유용성을 판단하는 기준이 된다.

① 이해가능성

회계정보는 정보이용자들이 쉽게 이해할 수 있는 정보여야 하며, 다수 이용자의 경제적 의사 결정 목적에 적합하여 재무제표에 포함될 필요가 있는 경우 소수 이용자에게는 너무 어려워서 이해하기 어려울 것이라는 이유만으로 제외해서는 안된다.

② 목적적합성

목적적합성이란 회계정보는 정보이용자가 의도하고 있는 의사결정 목적과 관련이 있어야 하며, 회계정보를 이용하여 의사결정을 하는 경우와 이용하지 않고 의사결정을 하는 경우를 비교해서 의사결정에 차이를 발생하게 하는 정보의 능력을 말한다. 목적적합한 정보가 되기 위해서는 예측가치, 피드백가치, 중요성을 갖추어야 한다.

구분	내 용
예 측 가 치	예측가치란 정보이용자가 미래 재무상태, 경영성과, 순현금흐름 등의 대한 미래 예측 능력을 제공할수 있는 능력을 말한다.
피드백가치	피드백가치란 과거의 기대치 또는 예측치를 확인 하거나 과거의 정보를 수정함으로써 정보이용자의 의사결정에 영향을 미칠 수 있는 정보의 능력을 말한다.
중 요 성	중요한 정보는 재무제표에 반영되도록 회계처리하고 정보 이용자의 의사결정에 영향을 미치지 않는다면 상세하게 보고할 필요가 없다는 의미이다.

③ 신뢰성

신뢰성이란 회계정보는 정보이용자의 의사결정에 유용하게 사용하기 위해서는 신뢰할수 있는 정보로 오류나 편의에서 벗어나, 객관적이고 검증가능하며 나타내고자 하는 바를 충실하게 표현해야 한다는 정보의 특성을 말한다. 회계정보가 신뢰성을 갖기 위해서는 표현의 충실성·중립성·검증가능성을 갖추고 있어야 한다.

구분	내 용
검 증 가 능 성	검증가능성이란 독립된 서로 다른 측정자들이 동일한 경제적 사건이나 거래를 동일한 측정방법을 사용하여 독립적으로 측정할 경우에도 유사한 결론에 도달할 수 있어야 한다는 정보의 특성을 말한다.
중 립 성	중립성이란 미리 의도된 결과나 성과를 유도할 목적으로 재무제표상의 특정정보를 표시함으로써 정보이용자의 의사결정이나 판단에 영향을 미치지 않아야 하는 정보적 특성을 말한다.
표현의 충실성	표현의 충실성이란 회계정보의 측정치는 표현하고자 하는 거래와 경제적 사건을 그대로 왜곡됨 없이 충실하게 표현해야 한다는 정보의 특성을 말한다.

④ 비교가능성

비교가능성이란 회계정보의 목적적합성과 신뢰성을 동시에 충족시켜주는 질적 특성으로서, 두 개의 서로 다른 경제적 현상에 대해 정보이용자가 유사점과 차이점을 식별할 수 있는 정보의 특성을 말한다. 비교가능성은 기간별 비교가능성과 기업간 비교가능성을 포괄하는 개념이다.

구분	내 용
기간별 비교가능성	기간별 비교가능성(계속성)이란 동일 기업이 동일 종류의 회계사건에 대하여 계속 같은 회계처리방법을 사용하여야 한다는 질적 특성
기업간 비교가능성	기업간 비교가능성(통일성)이란 상이한 기업들의 회계처리방법이 유사할 때 회계정보의 비교가능성이 제고된다는 질적 특성을 말한다.

4) 회계의 제약조건

회계정보는 정보이용자에게 유용성을 가지려면 이해가능성과 중요성, 목적적
합성 및 신뢰성을 가져야 한다. 이것을 회계정보의 질적특성이라 하는데 질적
특성을 갖춘 정보라도 정보제공에 따르는 사회적비용이 사회적효익을 초과한
다면 정당화될 수 없다. 이러한 것을 회계의 제약요건이라 한다.

① 적시성

회계정보는 정당한 사유없이 보고가 지체되지 않고 적시에 보고되어야 목
적적합성을 잃지 않는다.

② 효익과 비용간의 균형

회계정보를 이용함에 따른 효익이 그 정보를 얻기 위한 원가를 초과하여야
한다는 원칙이다. 회계기준의 제정이나 개정에 따르는 비용의 회계정보를
통하여 얻는 효익보다 크다면 그러한 회계원칙은 무시되어야 하는 것이다.

③ 질적특성간의 균형

회계정보의 질적특성간의 균형과 상충관계를 고려하여야 한다.

④ 보수주의

보수주의란 회계처리과정에서 2이상의 선택 가능한 방법이 있는 경우에는
재무적 기초를 견고히 하는 관점에서 처리하여야 한다. 재무적 기초를 견
고히 하는 방법이란 자산과 수익은 가능한 낮게 평가하고, 부채와 비용은
가능한 높게 평가하여 이익(자본)을 적게 표시하는 방법이다. 안전성의 원
칙이라도 하며 감가상각비 계산 방법으로 취득초기에 정률법의 적용, 자산
의 저가법 평가, 유형자산의 취득후 지출을 가급적 자산으로 처리하지 않
고 비용으로 처리, 할부매출의 경우 인도기준보다 회수기준의 적용 등을
예를 들 수 있다.

제1장 회계의 기본개념

2절 기업의 재무상태와 재무상태표

문제 1] (1) 기업이 소유하는 모든 재화 및 채권을 총칭해서 (**자산**)이라한다.
(2) 기업이 일정시점 타인에게 갚아야 할 채무를 (**부채**)라 한다.
(3) (**자산**) − (**부채**) = (**자본**) 을 자본등식이라 한다.
(4) 기업의 일정시점의 재무상태를 나타내는 일람표를 (**재무상태표**)라 한다.
(5) (**자산**) = (**부채**) + (**자본**) 을 재무상태표등식이라 한다.

문제 2] (1) 매 입 채 무 (L) (2) 단 기 매 매 증 권 (A) (3) 받 을 어 음 (A)
(4) 자 본 금 (C) (5) 지 급 어 음 (L) (6) 건 물 (A)
(7) 단 기 대 여 금 (A) (8) 미 수 금 (A) (9) 차 량 운 반 구 (A)
(10) 비 품 (A) (11) 미 지 급 금 (L) (12) 상 품 (A)
(13) 단 기 금 융 상 품 (A) (14) 외 상 매 입 금 (L) (15) 선 급 금 (A)
(16) 매 출 채 권 (A) (17) 선 수 금 (L) (18) 인 출 금 (C)
(19) 단 기 차 입 금 (L) (20) 토 지 (A) (21) 소 모 품 (A)
(22) 보 통 예 금 (A) (23) 외 상 매 출 금 (A) (24) 당 좌 예 금 (A)

문제 3]

재 무 상 태 표

경남상회 　　　　　　　　　　 2014년 1월 1일 현재 　　　　　　　　　　 단위 : 원

자 산	금 액	부 채 · 자 본	금 액
현 금 및 현 금 성 자 산	320,000	매 입 채 무	580,000
당 좌 예 금	230,000	미 지 급 금	120,000
매 출 채 권	220,000	단 기 차 입 금	220,000
단 기 매 매 증 권	160,000	자 본 금	900,000
상 품	190,000		
건 물	700,000		
	1,820,000		1,820,000

문제 4]

재 무 상 태 표

홍규상회 　　　　　　　　　　 2014년 1월 1일 현재 　　　　　　　　　　 단위 : 원

자 산	금 액	부 채 · 자 본	금 액
현 금 및 현 금 성 자 산	520,000	매 입 채 무	720,000
매 출 채 권	430,000	단 기 차 입 금	280,000
단 기 대 여 금	730,000	자 본 금	1,500,000
단 기 매 매 증 권	250,000		
미 수 금	120,000		
상 품	150,000		
건 물	300,000		
	2,500,000		2,500,000

문제 1]

(1) 기업의 경영활동으로 인해, 순자산의 증가를 가져오는 원인을 (**수익**)라 한다.

(2) 기업의 수익의 창출을 위해, 순자산의 감소를 가져오는 원인을 (**비용**)라 한다.

(3) 기업의 일정기간의 경영성과를 나타내는 일람표를 (**손익계산서**)라 한다.

(4) 손익계산서의 차변에는 (**비용**)을 대변에는(**수익**)을 기입한다

(5) 손익계산서의 대변합계금액이 많으면 (**당기순이익**)이 발생하고, 차변합계금액이 많으면 (**당기순손실**)이 발생한다.

문제 2]

(1) 세 금 과 공 과 (E)	(2) 여 비 교 통 비 (E)	(3) 유 형 자 산 (E) 처 분 손 실
(4) 단기매매증권처분 (R) 이 익	(5) 잡 손 실 (E)	(6) 보 험 료 (E)
(7) 잡 비 (E)	(8) 급 여 (E)	(9) 수 수 료 수 익 (R)
(10) 상 품 매 출 이 (R) 익	(11) 광 고 선 전 비 (E)	(12) 유 형 자 산 (R) 처 분 이 익
(13) 통 신 비 (E)	(14) 이 자 비 용 (E)	(15) 단기매매증권처 (E) 분 손 실
(16) 소 모 품 비 (E)	(17) 이 자 수 익 (R)	(18) 수 수 료 비 용 (E)
(19) 운 반 비 (E)	(20) 도 서 인 쇄 비 (E)	(21) 임 대 료 (R)

문제 3]

손익계산서

임식상회	2014년 1월 1일부터 12월 31일까지		단위:원
자 산	금 액	부채 · 자본	금 액
급 여	450,000	상 품 매 출 이 익	980,000
통 신 비	30,000	임 대 료	320,000
보 험 료	130,000	이 자 수 익	250,000
수 선 비	130,000		
수 도 광 열 비	220,000		
세 금 과 공 과	50,000		
소 모 품 비	110,000		
여 비 교 통 비	150,000		
잡 비	30,000		
당 기 순 이 익	250,000		
	1,550,000		1,550,000

문제 4]

손익계산서

옥희상회   2014년 1월 1일부터 12월 31일까지   단위:원

자　　　산	금　　액	부 채 · 자 본	금　　액
급　　　　　여	380,000	상 품 매 출 이 익	750,000
임　　차　　료	150,000	수 수 료 수 익	250,000
보　　험　　료	180,000	이　자　수　익	320,000
광 고 선 전 비	260,000	당 기 순 손 실	250,000
수 도 광 열 비	250,000		
세 금 과 공 과	60,000		
소　모　품　비	110,000		
잡　　　　　비	150,000		
잡　　손　　실	30,000		
	1,570,000		1,570,000

4절 **기업의 순손익계산**

문제 1] (1) 손익계산서의 대변합계금액이 많으면 (**당기순이익**)이 발생하고, 차변합계금액이 많으면 (**당기순손실**)이 발생한다.

(2) 순손익을 계산하는 방법에는 (**재산법**)과, (**손익법**)이 있다.

(3) 기말자본 − 기초자본 = (**당기순이익**)을 재산법등식이라 한다.

(4) 총수익 − (**총비용**) = 당기순이익을 손익법등식이라 한다.

(5) 자본의 추가출자 없이 기업의 영업활동의 결과로 자본의 증가를 가져오는 것을 (**수익**)이라 한다.

문제 2]

No	기　초			기　말			총수익	총비용	순손익
	자 산	부 채	자 본	자 산	부 채	자 본			
1	35,000	15,000	(20,000)	80,000	55,000	(25,000)	35,000	(30,000)	(5,000)
2	(140,000)	90,000	50,000	(138,000)	82,000	56,000	(32,000)	26,000	(6,000)
3	89,000	34,000	(55,000)	96,000	(44,000)	(52,000)	68,000	(71,000)	△3,000

문제 3]

재무상태표(기초)

현주상회   2014년 1월 1일   (단위 : 원)

자　　　산	금　　액	부채 · 자본	금　　액
현 금 및 현 금 성 자 산	450,000	매　입　채　무	300,000
단 기 매 매 증 권	60,000	미　지　급　금	160,000
매　출　채　권	540,000	단 기 차 입 금	140,000
상　　　　　품	350,000	자　본　금	1,000,000
비　　　　　품	200,000		
	1,600,000		1,600,000

재무상태표(기말)

현주상회		2014년 12월 31일		(단위 : 원)
자 산	금 액	부채·자본	금 액	
현 금 및 현 금 성 자 산	760,000	매 입 채 무	270,000	
단 기 매 매 증 권	70,000	미 지 급 금	230,000	
매 출 채 권	660,000	단 기 차 입 금	250,000	
상 품	260,000	자 본 금	1,150,000	
비 품	150,000	(당기순이익₩150,000)		
	1,900,000		1,900,000	

손익계산서

현주상회		2014년 1/1~12/31		(단위 : 원)
비 용	금 액	수 익	금 액	
급 여	330,000	상 품 매 출 이 익	560,000	
수 도 광 열 비	160,000	임 대 료	240,000	
세 금 과 공 과	90,000	이 자 수 익	130,000	
여 비 교 통 비	130,000			
보 험 료	30,000			
잡 비	40,000			
당 기 순 이 익	150,000			
	930,000		930,000	

(1) 기초자본금은 얼마인가?　　　　　　　　　　　　　　(₩ 1,000,000)

(2) 기말부채는 얼마인가?　　　　　　　　　　　　　　　(₩ 750,000)

(3) 기말자본금은 얼마인가?　　　　　　　　　　　　　　(₩ 1,150,000)

(4) 당기 총비용은 얼마인가?　　　　　　　　　　　　　(₩ 780,000)

(5) 당기순손익은 얼마인가?　　　　　　　　　　　　　　(₩ 150,000)

(6) 재산법 : (1,150,000) − (1,000,000) = (150,000)

(7) 손익법 : (930,000) − (780,000) = (150,000)

5절 거래(去來)

문제 1]

(1)	(2)	(3)	(4)	(5)	(6)	(7)	(8)	(9)	(10)	(11)	(12)	(13)
○	○	×	○	×	×	○	○	○	○	×	○	×

문제 2]

(1)	(2)	(3)	(4)	(5)	(6)	(7)
교	손	혼	교	손	교	손

문제 3]

| No | 거래요소의 결합관계 | | 거래의 종류 |
	차 변	대 변	
(1)	자산의증가	자본의증가	교환거래
(2)	자산의증가	부채의증가	교환거래
(3)	부채의감소	자산의감소	교환거래
(4)	자산의증가	자산의감소	교환거래
(5)	비용의발생	자산의감소	손익거래
(6)	비용의발생	자산의감소	손익거래
(7)	자산의증가	수익의발생	손익거래
(8)	자산의증가	자산의감소, 수익의발생	혼합거래
(9)	부채의감소, 비용의발생	자산의감소	혼합거래
(10)	자산의증가	자산의감소, 수익의발생	혼합거래

7절 분개와전기

문제 1]

No	차 변 과 목	금 액	대 변 과 목	금 액
(1)	현 금	5,000,000	자 본 금	5,000,000
(2)	비 품	150,000	현 금	150,000
(3)	상 품	3,500,000	현 금	2,000,000
			외 상 매 입 금	1,500,000
(4)	급 여	700,000	현 금	700,000
(5)	현 금	500,000	상 품	1,200,000
	외 상 매 출 금	1,000,000	상 품 매 출 이 익	300,000
(6)	수 도 광 열 비	155,000	현 금	155,000
(7)	외 상 매 입 금	500,000	현 금	500,000
(8)	현 금	1,000,000	단 기 차 입 금	1,000,000
(9)	받 을 어 음	500,000	외 상 매 출 금	500,000
(10)	보 험 료	350,000	현 금	350,000

문제 2]

No	차 변 과 목	금 액	대 변 과 목	금 액
(1)	현 금	1,000,000	단 기 차 입 금	300,000
			자 본 금	700,000
(2)	상 품	1,500,000	현 금	1,000,000
			외 상 매 입 금	500,000
(3)	소 모 품 비	50,000	현 금	50,000
(4)	임 차 료	500,000	당 좌 예 금	500,000
(5)	세 금 과 공 과	320,000	현 금	320,000
(6)	현 금	1,560,000	단 기 대 여 금	1,500,000
			이 자 수 익	60,000
(7)	단 기 차 입 금	200,000	현 금	220,000
	이 자 비 용	20,000		
(8)	현 금	40,000	잡 이 익	40,000
(9)	통 신 비	65,000	현 금	65,000
(10)	현 금	850,000	상 품	1500,000
	받 을 어 음	1,000,000	상 품 매 출 이 익	350,000

문제 3]

월일	차 변 과 목	금 액	대 변 과 목	금 액
2월1일	현 금	2,000,000	자 본 금	2,000,000
5일	현 금	700,000	단 기 차 입 금	700,000
9일	상 품	800,000	현 금	100,000
			외 상 매 입 금	700,000
16일	비 품	200,000	현 금	200,000
19일	외 상 매 입 금	100,000	현 금	100,000
20일	외 상 매 출 금	760,000	상 품	500,000
			상 품 매 출 이 익	260,000
21일	단 기 차 입 금	300,000	현 금	325,000
	이 자 비 용	25,000		
23일	현 금	400,000	외 상 매 출 금	400,000
25일	급 여	650,000	현 금	650,000

현 금

2/1 자 본 금	2,000,000	2/9 상 품	100,000
2/5 단 기 차 입 금	700,000	2/16 비 품	200,000
2/23 외 상 매 출 금	400,000	2/19 외 상 매 입 금	100,000
		2/21 제 좌	325,000
		2/25 급 여	650,000

외상매출금

2/20 제 좌	760,000	2/23 현 금	400,000

상 품

2/9 제 좌	800,000	2/20 외 상 매 출 금	500,000

비 품

2/16 현 금	200,000		

외상매입금

2/19 현 금	100,000	2/9 상 품	700,000

단 기 차 입 금

2/21 현 금	300,000	2/20 현 금	700,000

자 본 금

		2/1 현 금	2,000,000

상품매출이익

		2/5 외 상 매 출 금	260,000

급 여

2/25 현 금	650,000		

		이 자 비 용	
2/21	현	금	25,000

문제 4]

No	거 래 내 역
(1)	현금 1,000,000을 출자하여 영업을 시작하다.
(2)	상품 500,000을 매입하고, 대금 중 150,000은 현금으로 지급하고, 350,000은 외상으로 하다.
(3)	현금 ₩600,000을 차입하다.
(4)	상품 750,000(원가 500,000)을 매출하고 대금 중 ₩350,000은 현금으로 받고 ₩400,000은 외상으로 하다.
(5)	급여 ₩750,000을 현금으로 지급하다.

문제 5]

월일	차 변 과 목	금 액	대 변 과 목	금 액
3월 1일	현 금	900,000	자 본 금	900,000
10일	상 품	290,000	외 상 매 입 금	290,000
12일	당 좌 예 금	500,000	현 금	500,000
15일	현 금	350,000	상 품 상 품 매 출 이 익	315,000 35,000
20일	비 품	400,000	당 좌 예 금	400,000
25일	외 상 매 입 금	250,000	현 금	250,000
30일	급 여	450,000	현 금	450,000

번호	차 변	금 액	대 변	금 액
1	현 금	100,000	보 통 예 금	100,000
2	당 좌 예 금	1,000,000	보 통 예 금	1,000,000
3	단 기 매 매 증 권	2,000,000	현 금	2,000,000
4	현 금	2,000,000	자 본 금	2,800,000
	상 품	300,000		
	비 품	500,000		
5	건 물	7,000,000	미 지 급 금	7,000,000
6	현 금	500,000	외 상 매 출 금	500,000
7	현 금	500,000	외 상 매 출 금	1,000,000
	받 을 어 음	500,000		
8	받 을 어 음	1,000,000	외 상 매 출 금	1,500,000
	당 좌 예 금	500,000		
9	분 개 없 음			
10	현 금	100,000	비 품	100,000
11	여 비 교 통 비	15,000	현 금	15,000
12	비 품	730,000	현 금	730,000
13	선 급 금	200,000	현 금	200,000
14	선 급 금	1,000,000	보 통 예 금	1,000,000
15	선 급 금	700,000	당 좌 예 금	700,000
16	현 금	500,000	잡 이 익	500,000
17	당 좌 예 금	20,000,000	단 기 차 입 금	20,000,000
18	보 통 예 금	50,000,000	단 기 차 입 금	50,000,000
19	단 기 대 여 금	3,000,000	현 금	3,000,000
20	당 좌 예 금	3,300,000	단 기 대 여 금	3,000,000
			이 자 수 익	300,000
21	상 품	5,000,000	외 상 매 입 금	5,000,000
22	상 품	500,000	지 급 어 음	500,000
23	도 서 인 쇄 비	5,000	현 금	5,000
24	상 품	2,020,000	현 금	2,020,000
25	상 품	3,020,000	외 상 매 입 금	3,000,000
			현 금	20,000
26	상 품	1,000,000	선 급 금	400,000
			현 금	600,000
27	소 모 품 비	200,000	현 금	200,000
28	소 모 품	800,000	미 지 급 금	800,000
29	소 모 품 비	80,000	미 지 급 금	80,000
30	토 지	10,200,000	현 금	2,200,000
			미 지 급 금	8,000,000
31	차 량 운 반 구	10,000,000	미 지 급 금	10,000,000
32	수 선 비	300,000	당 좌 예 금	300,000
33	비 품	2,000,000	미 지 급 금	2,000,000
34	비 품	500,000	미 지 급 금	500,000
35	비 품	1,203,000	현 금	1,203,000
36	차 량 운 반 구	20,000,000	미 지 급 금	20,000,000

번호	차 변	금 액	대 변	금 액
37	차 량 운 반 구	200,000	현 금	200,000
38	현 금	500,000	미 수 금	500,000
39	분 개 없 음			
40	소 프 트 웨 어	1,960,000	현 금	1,960,000
41	임 차 료	300,000	현 금	300,000
42	외 상 매 입 금	1,000,000	지 급 어 음	1,000,000
43	외 상 매 입 금	2,000,000	보 통 예 금	2,001,000
	수 수 료 비 용	1,000		
44	지 급 어 음	1,000,000	당 좌 예 금	1,000,000
45	현 금	20,000,000	단 기 차 입 금	20,000,000
46	단 기 차 입 금	10,000,000	현 금	11,000,000
	이 자 비 용	1,000,000		
47	현 금	2,000,000	선 수 금	2,000,000
48	보 통 예 금	300,000	선 수 금	300,000
49	당 좌 예 금	30,000,000	장 기 차 입 금	30,000,000
50	인 출 금	2,000,000	상 품	2,000,000
51	인 출 금	200,000	보 통 예 금	200,000
52	당 좌 예 금	10,000,000	자 본 금	10,000,000
53	현 금	7,000,000	상 품	7,000,000
54	현 금	1,000,000	상 품	3,000,000
	받 을 어 음	2,000,000		
55	선 수 금	2,000,000	상 품	20,000,000
	외 상 매 출 금	18,000,000		
56	당 좌 예 금	7,000,000	상 품	7,000,000
57	받 을 어 음	17,500,000	상 품	17,500,000
	운 반 비	50,000	현 금	50,000
58	급 여	1,500,000	예 수 금	33,000
			현 금	1,467,000
59	예 수 금	33,000	현 금	33,000
60	수 수 료 비 용	40,000	현 금	40,000
61	복 리 후 생 비	800,000	미 지 급 금	800,000
62	복 리 후 생 비	430,000	미 지 급 금	430,000
63	복 리 후 생 비	100,000	현 금	100,000
64	복 리 후 생 비	200,000	미 지 급 금	200,000
65	복 리 후 생 비	250,000	보 통 예 금	250,000
66	접 대 비	360,000	당 좌 예 금	360,000
67	접 대 비	100,000	현 금	100,000
68	접 대 비	600,000	현 금	600,000
69	통 신 비	100,000	현 금	100,000
70	통 신 비	300	현 금	300
71	세 금 과 공 과	500,000	현 금	500,000
72	세 금 과 공 과	100,000	현 금	100,000
73	세 금 과 공 과	50,000	현 금	50,000
74	보 험 료	1,200,000	보 통 예 금	1,200,000
75	수 도 광 열 비	150,000	미 지 급 금	150,000
76	차 량 유 지 비	200,000	현 금	200,000

번호	차 변	금 액	대 변	금 액
77	운 반 비	3,000	현 금	3,000
78	광 고 선 전 비	1,000,000	현 금	1,000,000
79	광 고 선 전 비	700,000	현 금	700,000
80	교 육 훈 련 비	230,000	보 통 예 금	230,000
81	외 상 매 입 금	500,000	채 무 면 제 이 익	500,000
82	현 금	200,000	임 대 료	200,000
83	보 통 예 금	10,000	이 자 수 익	10,000
84	기 부 금	10,000,000	현 금	10,000,000
85	이 자 비 용	100,000	현 금	100,000
86	수 수 료 비 용	100,000	현 금	100,000
87	도 서 인 쇄 비	5,000	현 금	5,000
88	현 금	10,000	잡 이 익	10,000
89	복 리 후 생 비	300,000	현 금	300,000
90	잡 비	10,000	현 금	10,000
91	여 비 교 통 비	100,000	현 금	100,000
92	차 량 유 지 비	20,000	현 금	20,000
93	수 도 광 열 비	38,000	현 금	38,000
94	세 금 과 공 과	100,000	현 금	100,000
95	여 비 교 통 비	2,800,000	현 금	2,800,000
96	수 수 료 비 용	500	현 금	500
97	분 개 없 음			
98	받 을 어 음	500,000	상 품	470,000
			상 품 매 출 이 익	30,000
99	접 대 비	20,000	현 금	20,000
100	분 개 없 음			

8절 장부(帳簿)

문제 1]
(1) 회계연도 중의 거래를 발생순서대로 분개하여 기입하는 장부를(**분개장**)이라 한다.
(2) 분개장에 기록된 거래를 계정과목별로 구분하여 기입하는 장부를(**총계정원장**)이라 하며 그 형식에는 (**표준식**)과 (**잔액식**)이 있다.
(3) 장부에는 주요부와 보조부가 있는데 주요부에는 (**분개장**)과(**총계정원장**)이 있으며, 보조부에는 (**보조원장**)과(**보조기입장**)이 있다.
(4) 현금출납장, 매입장, 매출장,등을 (**보조기입장**)이라하며, 상품재고장, 매입처원장, 매출처원장등을 (**보조원장**)이라 한다.
(5) 거래의 내용을 최초로 기록하고 관련부서에 신속히 전달할 수 있도록 일정한 양식을 갖춘 용지를 (**전표**)라 한다.

문제 2]

병립식분개장　　　　　　　　　　분　개　장　　　　　　　　　　　　(1)

월일		적　　　요	원면	차　변	대　변
3	1	(현　　금)	1	2,000,000	
		(자 본 금)	7		2,000,000
		출자하여 상품매매업개시			
	5	(상　　품)　　　제　　좌	4	1,500,000	
		(현　　금)	1		1,000,000
		(외상매입금)	6		500,000
		상　품　매　입			
	8	(당 좌 예 금)	2	500,000	
		(현　　금)	1		500,000
		현금 당좌 예입			
	10	(비　　품)	5	200,000	
		(당 좌 예 금)	2		200,000
		영업용컴퓨터 구입			
	15	(현　　금)　　　제　　좌	1	800,000	
		(받 을 어 음)	3	1,000,000	
		제　　좌　　　(상　　품)	4		1,200,000
		(상품매출이익)	8		600,000
		상　품　매　출			
	20	(급　　여)	9	400,000	
		(현　　금)	1		400,000
		종업원 급여지급			
	22	(통 신 비)	10	65,000	
		(현　　금)	1		65,000
		전화요금 납부			
	25	(외상매입금)	6	350,000	
		(현　　금)	1		350,000
		외상매입금 지급			

현　　금

3/1 자　본　금	2,000,000	3/5 상　　　　품	1,000,000
3/15 제　　　좌	800,000	3/8 당 좌 예 금	500,000
		3/20 급　　　여	400,000
		3/22 통　신　비	65,000
		3/25 외 상 매 입 금	350,000

당 좌 예 금

3/8 현　　　금	500,000	3/10 비　　　품	200,000

받 을 어 음

3/15 제　　　좌	1,000,000		

상　　품

3/5 제　　　좌	1,500,000	3/15 제　　　좌	1,200,000

비　　　품

3/10 당 좌 예 금	200,000				

외상매입금

3/25 현　　　금	350,000	3/5 상　　　품	500,000

자　본　금

	3/1 현　　　금	2,000,000

상품매출이익

	3/15 제　　　좌	600,000

급　　　여

3/20 현　　　금	400,000

통　신　비

3/22 현　　　금	65,000

문제 3]

(입금)전표
상 품　300,000

(출금)전표
상 품　250,000

(입금)전표
당좌예금　600,000

(출금)전표
상 품　500 000

(대체)전표	
상 품　250,000	외상매입금 250,000

(대체)전표	
외상매출금 250,000	상 품　250,000

일　계　표

차　변	원면	계 정 과 목	대　변
900,000		현　　　　　　금	750,000
		당　좌　예　금	600,000
250,000		외　상　매　출　금	
1,000,000		상　　　　　품	550,000
		외　상　매　입　금	250,000
2,150,000			2,150,000

문제 1]

합 계 시 산 표

차 변	원면	계 정 과 목	대 변
370,000	1	현　　　　　　금	80,000
280,000	2	보　통　예　금	160,000
470,000	3	외　상　매　출　금	350,000
160,000	4	단　기　매　매　증　권	70,000
660,000	5	상　　　　　품	550,000
600,000	6	비　　　　　품	
320,000	7	외　상　매　입　금	460,000
450,000	8	단　기　차　입　금	700,000
	9	자　　본　　금	800,000
	10	상　품　매　출　이　익	420,000
	11	이　자　수　익	130,000
220,000	12	급　　　　　여	
80,000	13	임　　차　　료	
70,000	14	보　　험　　료	
40,000	15	잡　　　　　비	
3,720,000			3,720,000

잔 액 시 산 표

차 변	원면	계 정 과 목	대 변
290,000	1	현　　　　　　금	
120,000	2	보　통　예　금	
120,000	3	외　상　매　출　금	
90,000	4	단　기　매　매　증　권	
110,000	5	상　　　　　품	
600,000	6	비　　　　　품	
	7	외　상　매　입　금	140,000
	8	단　기　차　입　금	250,000
	9	자　　본　　금	800,000
	10	상　품　매　출　이　익	420,000
	11	이　자　수　익	130,000
220,000	12	급　　　　　여	
80,000	13	임　　차　　료	
70,000	14	보　　험　　료	
40,000	15	잡　　　　　비	
1,740,000			1,740,000

합 계 잔 액 시 산 표

차 변		원면	계 정 과 목	대 변	
잔 액	합 계			합 계	잔 액
290,000	370,000	1	현　　　　　금	80,000	
120,000	280,000	2	보 통 예 금	160,000	
120,000	470,000	3	외 상 매 출 금	350,000	
90,000	160,000	4	단 기 매 매 증 권	70,000	
110,000	660,000	5	상　　　　　품	550,000	
600,000	600,000	6	비　　　　　품		
	320,000	7	외 상 매 입 금	460,000	140,000
	450,000	8	단 기 차 입 금	700,000	250,000
		9	자　　본　　금	800,000	800,000
		10	상 품 매 출 이 익	420,000	420,000
		11	이 자 수 익	130,000	130,000
220,000	220,000	12	급　　　　　여		
80,000	80,000	13	임　차　료		
70,000	70,000	14	보　험　료		
40,000	40,000	15	잡　　　　　비		
1,740,000	3,720,000			3,720,000	1,740,000

문제 2]
정 　산 　표

재석상회　　　　　　2014년 1월 1일부터 2014년 12월 31일까지　　　　　　(단위:원)

계정과목	잔액시산표		손익계산서		재무상태표	
	차 변	대 변	차 변	대 변	차 변	대 변
현　　　　　금	825,000				825,000	
당 좌 예 금	373,000				373,000	
외 상 매 출 금	512,000				512,000	
단 기 매 매 증 권	140,000				140,000	
상　　　　　품	250,000				250,000	
비　　　　　품	330,000				330,000	
외 상 매 입 금		425,000				425,000
단 기 차 입 금		840,000				840,000
자　　본　　금		(940,000)				940,000
상 품 매 출 이 익		647,000		647,000		
임　대　료		170,000		170,000		
급　　　　　여	338,000		338,000			
보　험　료	143,000		143,000			
세 금 과 공 과	62,000		62,000			
이 자 비 용	49,000		49,000			
(당기순이익)			**225,000**			225,000
	3,022,000	3,022,000	817,000	817,000	2,430,000	2,430,000

문제 1]

현 금   1

	2,138,000	차기이월	1,423,000
			715,000
	2,138,000		2,138,000
전기이월	715,000		

보 통 예 금   2

	1,825,000	차기이월	1,201,000
			624,000
	1,825,000		1,825,000
전기이월	624,000		

외 상 매 출 금   3

	2,383,000	차기이월	830,000
			1,553,000
	2,383,000		2,383,000
전기이월	2,383,000		

단기매매증권   4

	900,000	차기이월	250,000
			650,000
	900,000		900,000
전기이월	650,000		

상 품   5

	1,920,000	차기이월	1,020,000
			900,000
	1,920,000		1,920,000
전기이월	900,000		

비 품   6

	800,000	차기이월	800,000
전기이월	800,000		

외 상 매 입 금   7

	875,000		1,245,000
차기이월	370,000		
	1,245,000		1,245,000
		전기이월	370,000

단 기 차 입 금   8

	630,000		1,766,000
차기이월	1,136,000		
	1,766,000		1,766,000
		전기이월	1,136,000

자 본 금   9

차기이월	3,736,000		3,000,000
		손 익	736,000
	3,736,000		3,736,000
		전기이월	3,736,000

상품 매출 이익   10

손 익	1,670,000		1,670,000

이 자 수 익   11

손 익	397,000		397,000

잡 이 익   12

손 익	588,000		588,000

임 차 료   14

	469,000	손 익	469,000

급 여   13

	930,000	손 익	930,000

보 험 료   15

	520,000	손 익	520,000

구 분	차 변	금 액	대 변	금 액
수익 계정 대체 분개	상 품 매 출 이 익 이 자 수 익 잡 이 익	1,670,000 397,000 588,000	집 합 손 익	2,655,000
비용 계정 대체 분개	집 합 손 익	1,919,000	급 여 임 차 료 보 험 료	930,000 469,000 520,000
당기 순손익 대 체 분 개	집 합 손 익	736,000	자 본 금	736,000

집 합 손 익 a/c

급 여	930,000	상 품 매 출 이 익	1,670,000
임 차 료	469,000	이 자 수 익	397,000
보 험 료	520,000	잡 이 익	588,000
자 본 금	736,000		
	2,655,000		2,655,000

이 월 시 산 표
2014. 12. 31

차 변	원면	계 정 과 목	대 변
715,000	1	현　　　　　　　　　　금	
624,000	2	보　　통　　예　　금	
1,553,000	3	외　상　매　출　금	
650,000	4	단　기　매　매　증　권	
900,000	5	상　　　　　　　　　품	
800,000	6	비　　　　　　　　　품	
	7	외　상　매　입　금	370,000
	8	단　기　차　입　금	1,136,000
	9	자　　　본　　　금	3,736,000
5,242,000			5,242,000

손 익 계 산 서
명진상사　　　　　　　　　2014. 1.1.~ 12.31.　　　　　　　　단위 : 원

비 용	금 액	수 익	금 액
급　　　　　여	930,000	상 품 매 출 이 익	1,670,000
임　　차　　료	469,000	이　자　수　익	397,000
보　　험　　료	520,000	잡　이　익	588,000
당 기 순 이 익	**736,000**		
	2,655,000		2,655,000

재 무 상 태 표
명진상사　　　　　　　　　2014. 12. 31　　　　　　　　단위:원

자 산	금 액	부채·자본	금 액
현 금 및 현 금 성 자 산	1,399,000	외　상　매　입　금	370,000
매　출　채　권	1,553,000	단　기　차　입　금	1,136,000
단 기 매 매 증 권	650,000	자　　본　　금	3,736,000
상　　　　　품	900,000	(당기순이익₩736,000)	
비　　　　　품	800,000		
	5,242,000		5,242,000

제2장 거래의 기장

1절 현금 및 현금성자산

문제 1]

No	차 변 과 목	금 액	대 변 과 목	금 액
(1)	현　　　　　금	800,000	상　　　　　품	800,000
(2)	현　　　　　금	500,000	상　　　　　품	500,000
(3)	상　　　　　품	750,000	현　　　　　금	750,000
(4)	보 통 예 금 현　　　　　금	200,000 100,000	외 상 매 출 금	300,000

문제 2]

No	차 변 과 목	금 액	대 변 과 목	금 액
(1)	현 금 과 부 족	17,000	현　　　　　금	17,000
(2)	수 도 광 열 비	9,000	현 금 과 부 족	9,000
(3)	잡　　손　　실	8,000	현 금 과 부 족	8,000
(4)	잡　　손　　실	2,000	현　　　　　금	2,000
(5)	현　　　　　금	8,000	현 금 과 부 족	8,000
(6)	현 금 과 부 족	5,000	임　　대　　료	5,000
(7)	현 금 과 부 족	3,000	잡　　이　　익	3,000
(8)	현　　　　　금	500	잡　　이　　익	500

문제 3]

No	차 변 과 목	금 액	대 변 과 목	금 액
(1)	소 액 현 금	160,000	당 좌 예 금	160,000
(2)	통　　신　　비 수 도 광 열 비 잡　　　　　비	45,000 20,000 71,000	소 액 현 금	136,000
(3)	소 액 현 금	136,000	현　　　　　금	136,000

문제 4]

No	차 변 과 목	금 액	대 변 과 목	금 액
(1)	특 정 현 금 과 예 금 당 좌 예 금	10,000,000 1,200,000	현　　　　　금	11,200,000
(2)	비　　　　　품	500,000	당 좌 예 금	500,000
(3)	당 좌 예 금 외 상 매 출 금	250,000 200,000	상　　　　　품	450,000
(4)	당 좌 예 금	700,000	상　　　　　품	700,000

2절 단기금융상품

문제1]

No	차 변 과 목	금 액	대 변 과 목	금 액
(1)	단 기 금 융 상 품	1,200,000	현　　　　　금	1,200,000
(2)	당 좌 예 금	1,320,000	단 기 금 융 상 품 이 자 수 익	1,200,000 120,000
(3)	단 기 금 융 상 품	10,000,000	이 자 수 익 보 통 예 금	300,000 9,700,000
(4)	보 통 예 금	10,000,000	단 기 금 융 상 품	10,000,000

3절 단기매매증권

문제 1]

No	차 변 과 목	금 액	대 변 과 목	금 액
(1)	단 기 매 매 증 권	3,500,000	당 좌 예 금	3,500,000
(2)	현　　　　　금	1,500,000	단 기 매 매 증 권 단기매매증권처분이익	1,400,000 100,000
(3)	단 기 매 매 증 권	2,910,000	현　　　　　금	2,910,000
(4)	현　　　　　금 단기매매증권처분손실	1,900,000 40,000	단 기 매 매 증 권	1,940,000

문제 2]

No	차 변 과 목	금 액	대 변 과 목	금 액
(1)	단 기 매 매 증 권	50,000	단기매매증권평가이익	50,000
(2)	단기매매증권평가손실	150,000	단 기 매 매 증 권	150,000
(3)	단기매매증권평가손실	50,000	단 기 매 매 증 권	50,000
(4)	단 기 매 매 증 권	40,000	단기매매증권평가이익	40,000

문제3]

No	차 변 과 목	금 액	대 변 과 목	금 액
(1)	현　　　　　금	800,000	이 자 수 익	800,000
(2)	보 통 예 금	1,000,000	배 당 금 수 익	1,000,000

4절 재고자산에 관한기장

문제1] [분기법]

No	차 변 과 목	금 액	대 변 과 목	금 액
(1)	상　　　　　품	285,000	외 상 매 입 금 현　　　　　금	280,000 5,000
(2)	외 상 매 입 금	35,000	상　　　　　품	35,000
(3)	외 상 매 출 금	380,000	상　　　　　품 상 품 매 출 이 익	300,000 80,000
(4)	상　　　　　품 상 품 매 출 이 익	15,000 5,000	외 상 매 출 금	20,000

상　　품

전 기 이 월	243,000	외 상 매 입 금	35,000
제　　　　좌	285,000	외 상 매 출 금	300,000
외 상 매 출 금	15,000	**차 기 이 월**	**208,000**
	543,000		543,000

상품매출이익

외 상 매 출 금	5,000	외 상 매 출 금	80,000

[총기법]

No	차 변 과 목	금 액	대 변 과 목	금 액
(1)	상　　　　품	285,000	외 상 매 입 금 현　　　　금	280,000 5,000
(2)	외 상 매 입 금	35,000	상　　　　품	35,000
(3)	외 상 매 출 금	380,000	상　　　　품	380,000
(4)	상　　　　품	20,000	외 상 매 출 금	20,000

상　　품

전 기 이 월	243,000	외 상 매 입 금	35,000
제　　　　좌	285,000	외 상 매 출 금	380,000
외 상 매 출 금	20,000	**차 기 이 월**	**208,000**
상 품 매 출 이 익	75,000		
	623,000		623,000

상품매출이익

		상　　　　품	75,000

문제 2]

일자	차 변 과 목	금 액	대 변 과 목	금 액
5/ 7	상　　　　품	450,000	현　　　　금 외 상 매 입 금	150,000 300,000
13	외 상 매 입 금	20,000	상　　　　품	20,000
18	외 상 매 출 금 운　반　비	575,000 20,000	상　　　　품 미 지 급 금	575,000 20,000
24	상　　　　품	60,000	외 상 매 출 금	60,000
27	당 좌 예 금 현　　　　금	140,000 140,000	상　　　　품	280,000
31	상　　　　품	256,000	상 품 매 출 이 익	256,000
31	상 품 매 출 이 익	256,000	손　　　　익	256,000

상 품

5/1	전 기 이 월	325,000	5/13	외 상 매 입 금	20,000
5/7	제 좌	450,000	5/18	외 상 매 출 금	575,000
5/24	외 상 매 출 금	60,000	5/27	제 좌	280,000
5/31	상품매출이익	256,000	5/31	차 기 이 월	216,000
		1,091,000			1,091,000

상품매출이익

5/31	손 익	256,000	5/31	상 품	256,000

손 익

			5/31	상품매출이익	256,000

문제 3]

No	차 변 과 목	금 액	대 변 과 목	금 액
(1)	매 입	174,000	외 상 매 입 금	174,000
(2)	외 상 매 입 금	25,000	매 입	25,000
(3)	외 상 매 출 금	250,000	매 출	250,000
(4)	매 출	50,000	외 상 매 출 금	50,000

문제 4] [대체분개]

No	차 변 과 목	금 액	대 변 과 목	금 액
(1)	매 입	145,000	이 월 상 품	145,000
(2)	이 월 상 품	190,000	매 입	190,000
(3)	손 익	417,000	매 입	417,000
(4)	매 출	828,000	손 익	828,000

이 월 상 품

전 기 이 월	145,000	매 입	145,000
매 입	190,000	차 기 이 월	190,000
	335,000		335,000
전 기 이 월	190,000		

매 입

외 상 매 입 금	520,000	외 상 매 입 금	27,000
이 월 상 품	145,000	외 상 매 입 금	31,000
		이 월 상 품	190,000
		손 익	417,000
	665,000		665,000

매 출

외 상 매 출 금	7,000	외 상 매 출 금	850,000
외 상 매 출 금	15,000		
손 익	828,000		
	850,000		850,000

손 익

매 입	417,000	매 출	828,000

문제 5]　① 278,000　② 69,000　③ 203,000　④ 293,000
　　　　　⑤ 80,800　⑥ 464,100　⑦ 18,800　⑧ −9,400
　　　　　⑨ 205,600　⑩ 536,200

5절　재고자산에 관한 보조부

문제 1]

매　입　장

월	일	적　　　　　요		금　액
6	1	(대성상점)　　　　　　　　　　외상		
		라면　50상자　@₩4,000	200,000	
		인수운임 현금지급	2,000	202,000
	13	(신일상점)　　　　　　　수표및외상		
		빵　40상자　@₩3,000		120,000
	19	**(신일상점)　　　　　　　　　반품**		
		**　빵　5상자　@₩3,000**		**15,000**
	25	(한밭상점)　　　　　　　현금및어음		
		사탕　50상자　@₩2,500	125,000	
		국수　80상자　@₩3,000	240,000	365,000
	28	**(한밭상점)　　　　　　　　에누리**		
		**　불량품으로인한 에누리**		**5,000**
	30	총　매　입　액		687,000
	30	**환출및매입에누리액**		**20,000**
	30	순　매　입　액		667,000

문제 2]

매　출　장

월	일	적　　　　　요		금　액
5	5	(성진상점)　　　　　　　　　　현금		
		갑상품 100개 @₩250		25,000
	8	(화종상점)　　　　　　　　　　외상		
		갑상품 160개 @₩250		40,000
	16	**(화종상점)　　　　　　　　에누리**		
		**　갑상품 5개 @₩250**		**12,500**
	24	(한밭상점)　　　　　　　수표및외상		
		갑상품 240개 @₩300	72,000	
		을상품 50개 @₩400	20,000	92,000
	29	**(한밭상점)　　　　　　　　에누리**		
		**　을상품 10개 @₩400**		**4,000**
	31	총　매　출　액		157,000
	31	**환입및매출에누리액**		**16,500**
	31	순　매　출　액		140,500

문제 3]

상 품 재 고 장

선입선출법 　　　　　　　품명 : A상품 　　　　　　　　(단위 :개)

월일		적요	인 수			인 도			잔 액		
			수량	단가	금액	수량	단가	금액	수량	단가	금액
3	4	매　　입	100	140	14,000				100	140	14,000
	8	에 누 리	-	-	3,000				100	110	11,000
	16	매　　출				80	110	8,800	20	110	2,200
	23	매　　출				15	110	1,650	5	110	550
	24	환　　입				5	110	550	10	110	1,100
	31	차 월 이 월				10	110	1,100			
			100		11,000	100		11,000			
4	1	전월이월	10	110	1,100						

[문제4]

상 품 재 고 장

선입선출법 　　　　　　　품명 : 갑상품 　　　　　　　　(단위 :개)

월일		적요	인 수			인 도			잔 액		
			수량	단가	금액	수량	단가	금액	수량	단가	금액
10	1	전 월 이 월	200	200	40,000				200	200	40,000
	3	매　　입	200	220	44,000				200	200	40,000
									200	220	44,000
	5	매　　출				200	200	40,000			
						100	220	22,000	100	220	22,000
	11	환　　입				20	220	4,400	120	220	26,400
	21	매　　입	100	250	25,000				120	220	26,400
									100	250	25,000
	24	환　　출	15	250	3,750				120	220	26,400
									85	250	21,250
	24	매　　출				120	220	26,400			
						30	250	7,500	55	250	13,750
	31	차 월 이 월				55	250	13,750			
			485		105,250			105,250			
11	1	전 월 이 월	55	250	13,750				55	250	13,750

문제 5]

상 품 재 고 장

후입선출법   품명 : 연필   (단위 :개)

월일		적요	인 수			인 도			잔 액		
			수량	단가	금액	수량	단가	금액	수량	단가	금액
7	1	전 월 이 월	20	550	11,000				20	550	11,000
	3	매 입	40	650	26,000				20	550	11,000
									40	650	26,000
	5	매 출				40	650	26,000	20	550	11,000
	8	매 입	20	660	13,200				20	550	11,000
									20	660	13,200
	11	환 출	5	660	3,300				20	550	11,000
									15	660	9,900
	17	매 출				15	660	9,900			
						10	550	5,500	10	550	5,500
	19	환 입				2	550	1,100	12	550	6,600
	31	차 월 이 월				12	550	6,600			
			75		46,900	75		46,900			
8	1	전 월 이 월	12	550	6,600				12	550	6,600

문제 6]

상 품 재 고 장

이동평균법   품명 : A상품   (단위 :개)

월일		적요	인 수			인 도			잔 액		
			수량	단가	금액	수량	단가	금액	수량	단가	금액
5	1	전 월 이 월	20	500	10,000				20	500	10,000
	5	매 입	50	710	35,500				70	650	45,500
	7	환 출	10	710	7,100				60	640	38,400
	9	매 출				40	640	25,600	20	640	12,800
	10	환 입				5	640	3,200	25	640	16,000
	28	매 입	5	760	3,800				30	660	19,800
	31	차 월 이 월				30	660	19,800			
			65		42,200	65		42,200			
6	1	전 월 이 월	30	660	19,800				30	660	19,800

문제 1] [통제계정]

No	차 변 과 목	금 액	대 변 과 목	금 액
(1)	매 입	500,000	당 좌 예 금 외 상 매 입 금	200,000 300,000
(2)	당 좌 예 금 외 상 매 출 금	135,000 135,000	매 출	270,000
(3)	매 출	15,000	외 상 매 출 금	15,000
(4)	외 상 매 입 금	12,000	매 입	12,000
(5)	당 좌 예 금	350,000	외 상 매 출 금	350,000
(6)	외 상 매 입 금	245,000	현 금	245,000

[인명계정]

No	차 변 과 목	금 액	대 변 과 목	금 액
(1)	매 입	500,000	당 좌 예 금 충 남 상 점	200,000 300,000
(2)	당 좌 예 금 문 화 상 점	135,000 135,000	매 출	270,000
(3)	매 출	15,000	뉴 대 전 상 점	15,000
(4)	성 광 상 점	12,000	매 입	12,000
(5)	당 좌 예 금	350,000	정 석 상 점	350,000
(6)	명 석 상 점	245,000	현 금	245,000

문제 2]

No	차 변 과 목	금 액	대 변 과 목	금 액
(1)	매 입	350,000	당 좌 예 금 외 상 매 입 금	100,000 250,000
(2)	외 상 매 출 금 운 반 비	424,000 3,000	매 출 현 금	424,000 3,000
(3)	현 금	200,000	외 상 매 출 금	200,000
(4)	매 입	255,000	외 상 매 입 금 현 금	250,000 5,000
(5)	외 상 매 입 금	100,000	당 좌 예 금	100,000
(6)	당 좌 예 금 외 상 매 출 금	100,000 300,000	매 출	400,000

총 계 정 원 장

외 상 매 입 금

당 좌 예 금	100,000	매 입		250,000
		매 입		250,000

외 상 매 출 금

매 출	424,000	현 금		200,000
매 출	300,000			

(매 입 처 원 장)

혜 정 상 점

		매	입	250,000

명 진 상 점

당 좌 예 금	100,000	매	입	250,000

(매 출 처 원 장)

삼 일 상 점

매	출	424,000	현	금	200,000

현 대 상 점

매	출	300,000	

문제 3]

No.	상점명	차 변 과 목	금 액	대 변 과 목	금 액
(1)	사랑상점	매 입	230,000	지 급 어 음	230,000
	소망상점	받 을 어 음	230,000	매 출	230,000
(2)	사랑상점	지 급 어 음	230,000	당 좌 예 금	230,000
	소망상점	현 금	230,000	받 을 어 음	230,000

문제 4]

No	차 변 과 목	금 액	대 변 과 목	금 액
(1)	매 입	210,000	지 급 어 음	210,000
(2)	외 상 매 입 금	230,000	지 급 어 음	230,000
(3)	지 급 어 음	345,000	당 좌 예 금	345,000
(4)	받 을 어 음	130,000	매 출	130,000

7절 기타채권 · 채무에 관한기장

문제 1]

No	차 변 과 목	금 액	대 변 과 목	금 액
(1)	단 기 대 여 금	770,000	현 금	770,000
(2)	현 금	450,000	단 기 대 여 금	430,000
			이 자 수 익	20,000
(3)	당 좌 예 금	540,000	단 기 차 입 금	540,000
(4)	단 기 차 입 금	450,000	당 좌 예 금	453,000
	이 자 비 용	3,000		

문제 2]

No	차 변 과 목	금 액	대 변 과 목	금 액
(1)	미 수 금	76,000	비 품	76,000
(2)	현 금	360,000	미 수 금	360,000
(3)	소 모 품 비	53,000	미 지 급 금	53,000
(4)	미 지 급 금	230,000	당 좌 예 금	230,000

문제 3]

No	차 변 과 목	금 액	대 변 과 목	금 액
(1)	현　　　　　금	1,000,000	장 기 차 입 금	1,000,000
(2)	장 기 차 입 금	1,000,000	유 동 성 장 기 부 채	1,000,000

문제 4]

No	차 변 과 목	금 액	대 변 과 목	금 액
(1)	선 　 급 　 금	80,000	현　　　　　금	80,000
(2)	매　　　　　입	640,000	선 　 급 　 금	40,000
			당 　 좌 　 예 　 금	600,000
(3)	현　　　　　금	200,000	선 　 수 　 금	200,000
(4)	선 　 수 　 금	170,000	매　　　　　출	570,000
	당 　 좌 　 예 　 금	400,000		

문제 5]

No	차 변 과 목	금 액	대 변 과 목	금 액
(1)	종 업 원 단 기 대 여 금	280,000	현　　　　　금	280,000
(2)	급　　　　　여	750,000	종 업 원 단 기 대 여 금	280,000
			당 　 좌 　 예 　 금	470,000
(3)	급　　　　　여	960,000	종 업 원 단 기 대 여 금	45,000
			예 　 수 　 금	55,000
			당 　 좌 　 예 　 금	860,000
(4)	예 　 수 　 금	15,000	현　　　　　금	15,000

문제 6]

No	차 변 과 목	금 액	대 변 과 목	금 액
(1)	가 　 지 　 급 　 금	80,000	현　　　　　금	80,000
(2)	여 　 비 　 교 　 통 　 비	76,000	가 　 지 　 급 　 금	80,000
	현　　　　　금	4,000		
(3)	현　　　　　금	210,000	가 　 수 　 금	210,000
(4)	가 　 수 　 금	210,000	외 　 상 　 매 　 출 　 금	110,000
			선 　 수 　 금	100,000

문제 7]

No	차 변 과 목	금 액	대 변 과 목	금 액
(1)	감 가 상 각 누 계 액	6,000,000	건　　　　　물	10,000,000
	재 　 해 　 손 　 실	4,000,000		
(2)	미 　 수 　 금	5,000,000	보 험 금 수 익	5,000,000

문제 8]

No	차 변 과 목	금 액	대 변 과 목	금 액
(1)	퇴 　 직 　 급 　 여	8,000,000	퇴 직 급 여 충 당 부 채	8,000,000
(2)	퇴 　 직 　 급 　 여	2,000,000	퇴 직 급 여 충 당 부 채	2,000,000
(3)	퇴 직 급 여 충 당 부 채	400,000	현　　　　　금	400,000
(4)	퇴 직 급 여 충 당 부 채	1,000,000	현　　　　　금	1,200,000
	퇴 　 직 　 급 　 여	200,000		

문제 1]

No	차 변 과 목	금 액	대 변 과 목	금 액
(1)	대 손 상 각 비	18,000	대 손 충 당 금	18,000
(2)	대 손 상 각 비	3,000	대 손 충 당 금	3,000
(3)	대 손 충 당 금	7,000	대손충당금환입	7,000
(4)		분 개 없 음		

문제 2]

No	차 변 과 목	금 액	대 변 과 목	금 액
(1)	대 손 충 당 금 대 손 상 각 비	150,000 50,000	외 상 매 출 금	200,000
(2)	대 손 충 당 금	200,000	외 상 매 출 금	200,000
(3)	대 손 상 각 비	200,000	외 상 매 출 금	200,000

문제 3]

No	차 변 과 목	금 액	대 변 과 목	금 액
(1)	매 출 현 금 대 손 충 당 금 대 손 상 각 비	150,000 100,000 180,000 120,000	외 상 매 출 금	550,000
(2)	대 손 충 당 금 대 손 상 각 비	200,000 270,000	외 상 매 출 금	470,000
(3)	현 금	200,000	대 손 상 각 비	200,000
(4)	현 금	150,000	대 손 충 당 금	150,000
(5)	당 좌 예 금	60,000	대 손 충 당 금	60,000

문제 1]

No	차 변 과 목	금 액	대 변 과 목	금 액
(1)	토 지	965,000	당 좌 예 금 현 금	960,000 5,000
(2)	비 품	400,000	현 금 미 지 급 금	200,000 200,000
(3)	건 물	4,085,000	미 지 급 금	4,085,000
(4)	차 량 운 반 구	6,500,000	당 좌 예 금	6,500,000

문제 2]

No	차 변 과 목	금 액	대 변 과 목	금 액
(1)	감 가 상 각 비	40,000	감 가 상 각 누 계 액	40,000
(2)	감 가 상 각 비	60,000	감 가 상 각 누 계 액	60,000
(3)	감 가 상 각 비	400,000	감 가 상 각 누 계 액	400,000

문제 3]

No	차 변 과 목	금 액	대 변 과 목	금 액
(1)	감 가 상 각 누 계 액	400,000	건　　　　　물	800,000
	현　　　　　금	480,000	유 형 자 산 처 분 이 익	80,000
(2)	미　　　수　　　금	600,000	토　　　　　지	750,000
	유 형 자 산 처 분 손 실	150,000		
(3)	감 가 상 각 누 계 액	300,000	비　　　　　품	460,000
	당　좌　예　금	200,000	유 형 자 산 처 분 이 익	40,000
(4)	감 가 상 각 누 계 액	400,000	차 량 운 반 구	2,000,000
	당　좌　예　금	1,500,000		
	유 형 자 산 처 분 손 실	100,000		

12절 개인기업의 자본 및 세금

문제 1]

No	차 변 과 목	금 액	대 변 과 목	금 액
(1)	현　　　　　금	2,000,000	단 기 차 입 금	300,000
	비　　　　　품	500,000	자　　본　　금	7,200,000
	토　　　　　지	5,000,000		
(2)	인　　출　　금	350,000	매　　　　　입	350,000
(3)	현　　　　　금	800,000	자　　본　　금	800,000
(4)	손　　　　　익	600,000	자　　본　　금	600,000
(5)	보　　험　　료	200,000	현　　　　　금	250,000
	인　　출　　금	50,000		
(6)	인　　출　　금	200,000	외 상 매 출 금	200,000
(7)	인　　출　　금	250,000	단 기 차 입 금	250,000

문제 2]

No	차 변 과 목	금 액	대 변 과 목	금 액
(1)	세 금 과 공 과	100,000	현　　　　　금	100,000
(2)	인　　출　　금	100,000	현　　　　　금	100,000
(3)	세 금 과 공 과	70,000	현　　　　　금	100,000
	인　　출　　금	30,000		
(4)	예　　수　　금	570,000	현　　　　　금	570,000
(5)	토　　　　　지	500,000	현　　　　　금	500,000
(6)	세 금 과 공 과	120,000	현　　　　　금	320,000
	인　　출　　금	200,000		

문제 1]

No	차 변 과 목	금 액	대 변 과 목	금 액
(1)	당 좌 예 금	50,000,000	자 본 금	50,000,000
(2)	당 좌 예 금	59,800,000	자 본 금	50,000,000
			주 식 발 행 초 과 금	9,800,000
(3)	당 좌 예 금	44,800,000	자 본 금	50,000,000
	주 식 할 인 발 행 차 금	5,200,000		
(4)	주 식 발 행 초 과 금	3,000,000	자 본 금	10,000,000
	당 좌 예 금	7,000,000		

문제 2]

No	차 변 과 목	금 액	대 변 과 목	금 액
(1)	자 본 금	100,000,000	당 좌 예 금	90,000,000
			감 자 차 익	10,000,000
(2)	자 본 금	100,000,000	당 좌 예 금	104,000,000
	감 자 차 손	4,000,000		
(3)	자 본 금	5,000,000	미 처 리 결 손 금	4,800,000
			감 자 차 익	200,000
(4)	자 기 주 식	4,000,000	보 통 예 금	4,000,000
(5)	현 금	3,000,000	자 기 주 식	2,400,000
			자 기 주 식 처 분 이 익	600,000
(6)	당 좌 예 금	1,520,000	자 기 주 식	1,600,000
	자 기 주 식 처 분 이 익	80,000		

※ 5번과 6번은 연결된 문제로 자기주식처분이익을 먼저 상계하고 차액은 자기주식처분손실계정으로 처리함에 유의하자.

문제 3]

No	차 변 과 목	금 액	대 변 과 목	금 액
(1)	손 익	30,000,000	미 처 분 이 익 잉 여 금	30,000,000
(2)	미 처 분 이 익 잉 여 금	19,000,000	이 익 준 비 금	1,000,000
			미 지 급 배 당 금	10,000,000
			사 업 확 장 적 립 금	5,000,000
			결 손 보 전 적 립 금	3,000,000
(3)	손 익	45,000,000	미 처 분 이 익 잉 여 금	45,000,000

문제 4]

No	차 변 과 목	금 액	대 변 과 목	금 액
(1)	미 처 리 결 손 금	10,000,000	손 익	10,000,000
(2)	결 손 보 전 적 립 금	2,000,000	미 처 리 결 손 금	9,000,000
	이 익 준 비 금	4,000,000		
	주 식 발 행 초 과 금	3,000,000		

14절 사채

문제 1]

No	차 변 과 목	금 액	대 변 과 목	금 액
(1)	당 좌 예 금	5,000,000	사 채	5,000,000
(2)	당 좌 예 금	21,800,000	사 채	20,000,000
			사 채 할 증 발 행 차 금	1,800,000
(3)	당 좌 예 금	9,650,000	사 채	10,000,000
	사 채 할 인 발 행 차 금	350,000		

제3장 결산 및 재무제표

1절 손익의 정리

문제 1]

일자	차 변 과 목	금 액	대 변 과 목	금 액
4/1	보 험 료	120,000	당 좌 예 금	120,000
12/31	선 급 보 험 료	30,000	보 험 료	30,000
12/31	손 익	90,000	보 험 료	90,000
1/1	보 험 료	30,000	선 급 보 험 료	30,000

보 험 료

4/1	당 좌 예 금	120,000	12/31	선 급 보 험 료	30,000
			12/31	손 익	90,000
		120,000			120,000
1/1	선 급 보 험 료	30,000			

선급보험료

12/31	보 험 료	30,000	12/31	차 기 이 월	30,000
1/1	전 기 이 월	30,000	1/1	보 험 료	30,000

문제 2]

일자	차 변 과 목	금 액	대 변 과 목	금 액
5/1	현 금	50,000	임 대 료	50,000
12/31	임 대 료	10,000	선 수 임 대 료	10,000
12/31	임 대 료	40,000	손 익	40,000
1/1	선 수 임 대 료	10,000	임 대 료	10,000

임 대 료

12/31	선 수 임 대 료	10,000	5/1	현 금	50,000
12/31	손 익	40,000			
		50,000			50,000
			1/1	선 수 임 대 료	10,000

선수임대료

12/31	차 기 이 월	10,000	12/31	임 대 료	10,000
1/1	임 대 료	10,000	1/1	전 기 이 월	10,000

문제 3]

일자	차 변 과 목	금 액	대 변 과 목	금 액
6/1	이 자 비 용	80,000	현 금	80,000
12/31	이 자 비 용	60,000	미 지 급 이 자	60,000
12/31	손 익	140,000	이 자 비 용	140,000
1/1	미 지 급 이 자	60,000	이 자 비 용	60,000

이 자 비 용

6/1	현 금	80,000	12/31	손 익	140,000
12/31	미 지 급 이 자	60,000			
		140,000			140,000
			1/1	미 지 급 이 자	60,000

미지급이자

12/31	차 기 이 월	60,000	12/31	이 자 비 용	60,000
1/1	이 자 비 용	60,000	1/1	전 기 이 월	60,000

문제4]

일자	차 변 과 목	금 액	대 변 과 목	금 액
3/8	현 금	27,000	수 수 료 수 익	27,000
12/31	미 수 수 수 료	32,000	수 수 료 수 익	32,000
12/31	수 수 료 수 익	59,000	손 익	59,000
1/1	수 수 료 수 익	32,000	미 수 수 수 료	32,000

수수료수익

12/31	손 익	59,000	3/8	현 금	27,000
			12/31	미 수 수 수 료	32,000
		59,000			59,000
1/1	미 수 수 수 료	32,000			

미수수수료

12/31	수 수 료 수 익	32,000	12/31	차 기 이 월	32,000
1/1	전 기 이 월	32,000	1/1	수 수 료 수 익	32,000

문제5] [비용처리법]

일자	차 변 과 목	금 액	대 변 과 목	금 액
7/1	소 모 품 비	55,000	미 지 급 금	55,000
12/31	소 모 품	22,000	소 모 품 비	22,000
12/31	손 익	33,000	소 모 품 비	33,000
1/1	소 모 품 비	22,000	소 모 품	22,000

소모품비

7/1	미 지 급 금	55,000	12/31	소 모 품	22,000
			12/31	손 익	33,000
		55,000			55,000
1/1	소 모 품	22,000			

소모품

| 12/31 | 소 모 품 비 | 22,000 | 12/31 | 차 기 이 월 | 22,000 |
| 1/1 | 전 기 이 월 | 22,000 | 1/1 | 소 모 품 비 | 22,000 |

[자산처리법]

일자	차 변 과 목	금 액	대 변 과 목	금 액
7/1	소 모 품	55,000	미 지 급 금	55,000
12/31	소 모 품 비	33,000	소 모 품	33,000
12/31	손 익	33,000	소 모 품 비	33,000
1/1	분 개 없 음			

소모품

7/1	미 지 급 금	55,000	12/31	소 모 품 비	33,000
			12/31	차 기 이 월	22,000
		55,000			55,000
1/1	전 기 이 월	22,000			

소모품비

| 12/31 | 소 모 품 | 33,000 | 12/31 | 손 익 | 33,000 |

문제 6]

일자	차 변 과 목	금 액	대 변 과 목	금 액
4/1	선 급 보 험 료	120,000	당 좌 예 금	120,000
12/31	보 험 료	90,000	선 급 보 험 료	90,000
12/31	손 익	90,000	보 험 료	90,000
1/1	분 개 없 음			

선급보험료

4/1	당 좌 예 금	120,000	12/31	보 험 료	90,000
			12/31	차 기 이 월	30,000
		120,000			120,000
1/1	전 기 이 월	30,000			

보 험 료

| 12/31 | 선 급 보 험 료 | 90,000 | 12/31 | 손 익 | 90,000 |

(문제1번)은 선비용처리후 자산계정으로 대체하고 (문제6번)은 선자산처리후 비용계정으로 대체하나 제무재표에는동일한 결과가 나타난다.

자격증시험에는 (문제1번)이 많이 출제되지만 (문제6번)도 간혹 출제되니 꼭 풀어서 이해하기를 바란다.

문제 1]

No	차 변 과 목	금 액	대 변 과 목	금 액
(1)	매 입	250,000	이 월 상 품	250,000
	이 월 상 품	150,000	매 입	150,000
(2)	단기매매증권평가손실	30,000	단 기 매 매 증 권	30,000
(3)	가 수 금	50,000	외 상 매 출 금	50,000
(4)	대 손 상 각 비	17,000	대 손 충 당 금	17,000
(5)	여 비 교 통 비	50,000	가 지 급 금	50,000
(6)	잡 손 실	2,000	현 금 과 부 족	2,000
(7)	소 품	6,000	소 모 품 비	6,000
(8)	감 가 상 각 비	100,000	건물감가상각누계액	100,000
(9)	감 가 상 각 비	15,000	비품감가상각누계액	15,000
(10)	선 급 보 험 료	2,000	보 험 료	2,000
(11)	이 자 비 용	5,000	미 지 급 이 자	5,000
(12)	임 대 료	3,000	선 수 임 대 료	3,000
(13)	미 수 수 수 료	9,000	수 수 료 수 익	9,000

(4번풀이)매출채권(외상매출금+받을어음)
1,300,000−50,000(3번분개)=1,250,000×2%=25,000(예상액)
25,000−8,000(대손충당금잔액)=17,000

문제 2]

No	차 변 과 목	금 액	대 변 과 목	금 액
(1)	급 여	200,000	미 지 급 급 여	200,000
(2)	선 급 보 험 료	100,000	보 험 료	100,000
(3)	이 자 수 익	250,000	선 수 이 자	250,000
(4)	단 기 매 매 증 권	400,000	단기매매증권평가이익	400,000
(5)	대 손 상 각 비	150,000	대 손 충 당 금	150,000
(6)	감 가 상 각 비	500,000	건물감가상각누계액	500,000
(7)	감 가 상 각 비	1,000,000	차량감가상각누계액	1,000,000
(8)	이 월 상 품	10,000,000	매 입	10,000,000

문제3]

No	차 변 과 목	금 액	대 변 과 목	금 액
(1)	단기매매증권평가손실	6,000	단 기 매 매 증 권	6,000
(2)	대 손 상 각 비	22,500	대 손 충 당 금	22,500
(3)	매 입	460,000	이 월 상 품	350,000
	이 월 상 품	350,000	매 입	460,000
(4)	감 가 상 각 비	30,000	감 가 상 각 누 계 액	30,000
(5)	이 자 비 용	10,000	미 지 급 이 자	10,000
(6)	선 급 보 험 료	14,000	보 험 료	14,000
(7)	미 수 이 자	15,000	이 자 수 익	15,000
(8)	임 대 료	15,000	선 수 임 대 료	15,000

재 무 상 태 표
2014년 12월 31일 　　　　　　　　　　단위 : 원

현금및현금성자산	611,000	매 입 채 무	725,000
단 기 매 매 증 권	520,000	단 기 차 입 금	400,000
단 기 대 여 금	800,000	미 지 급 금	100,000
매 출 채 권	450,000	미 지 급 이 자	10,000
미 수 이 자	15,000	선 수 임 대 료	15,000
선 급 보 험 료	14,000	대 손 충 당 금	22,500
상 품	350,000	감 가 상 각 누 계 액	30,000
건 물	600,000	자 본 금	2,057,500
		(당기순이익₩327,500)	
	3,360,000		3,360,000

손익계산서
2014년 1월 1일부터 12월 31일까지 　　　　　　　단위 : 원

매 출 원 가	1,460,000	매 출	1,890,000
보 험 료	14,000	이 자 수 익	40,000
영 업 비	90,000	임 대 료	45,000
대 손 상 각 비	22,500		
감 가 상 각 비	30,000		
단기매매증권평가손실	6,000		
이 자 비 용	25,000		
당 기 순 이 익	327,500		
	1,975,000		1,975,000

▌저자약력

▌정 원 홍 ◦

- 경일대학교 경상대학 세무회계과 졸업
- 대구지방국세청 전산세무회계 연수강사(전)
- 한국 IT교육원 전산세무회계강사(전)
- 제일회계학원 실업자 재취업교육 업무총괄 및 전산회계강사(전)
- 조은회계컴퓨터학원장 겸 대표강사(전)
- 한일회계학원 회계강사(전)
- 서울회계학원 회계강사(전)
- 한진회계학원 회계강사(전)
- 더존회계정보처리학원장 겸 대표강사(현)
- 대구달서여성인력개발센터 전산세무회계강사(현)
- 한국세무회계학회 부회장(현)
- 경일대학교, 계명문화대 산학협력 전산세무회계강사(현)
- 한국전산회계학회 산학연구이사(현)

[저 서]
- SMART전산세무2급(공저, 나눔출판사)
- SMART회계원리입문(나눔출판사)
- 명인전산세무2급(공저, 텍스온넷)
- Win전산세무2급(공저, 어울림)
- Win전산회계1·2급합본(공저, 어울림)

▌박 성 우 ◦

- (주)화신정공 경영관리팀 근무(전)
- 경일컴퓨터회계학원 회계강사(전)
- 로얄컴퓨터회계학원 전산회계강사(전)
- 미래회계학원 전산세무회계강사(전)
- 구미전산세무회계컴퓨터학원 회계강사(현)

회계기초 입문

발 행 일 | 2012년 2월 29일
3 판 발 행 일 | 2014년 3월 27일
2 쇄 발 행 일 | 2020년 9월 11일
저 자 | 정 원 홍 · 박 성 우
발 행 인 | 허 병 관
발 행 처 | 도서출판 어울림
주 소 | 서울시 영등포구 양평동3가 14번지 이노플렉스 1301호
등 록 | 제2-4071호
전 화 | (02) 2232-8607, 8602
팩 스 | (02) 2232-8608
정 가 | 10,000원
I S B N | 978-89-6239-387-3-13320